Les Petites Bulles de l'attention

Se concentrer dans un monde de distractions

Jean-Philippe Lachaux

Les Petites Bulles de l'attention

Se concentrer dans un monde de distractions

Du même auteur

Le Cerveau funambule. Comprendre et apprivoiser son attention grâce aux neurosciences, 2015.
Le Cerveau attentif. Contrôle, maîtrise et lâcher-prise, 2011.

©Odile Jacob, novembre 2016
15, rue Soufflot, 75005 Paris
www.odilejacob.fr
ISBN 978-2-7381-3376-2

Mise en page : Nord Compo, Villeneuve d'Ascq

Toujours pour mes p'tits loups

« Vingt minutes d'attention intense et sans fatigue valent infiniment mieux que trois heures de cette application aux sourcils froncés qui fait dire avec le sentiment du devoir accompli : "J'ai bien travaillé !" ».

Simone Weil, *Attente de Dieu.*

Remerciements

Mille mercis à :

Odile Jacob, qui a pris le risque d'accepter sans réserve un format de livre totalement différent des précédents et a poussé ce projet avec une énergie prodigieuse.

Émilie Barian, aux éditions Odile Jacob, pour ses nombreuses relectures et ses conseils pour améliorer le livre.

L'équipe du projet ATOL (Apprendre à être attentif, à l'école) et son financeur, l'Agence nationale de la recherche, et toute l'équipe d'enseignants hyper motivés qui participe à ce projet et qui m'a aidé à adapter le langage et la forme de l'ouvrage en le testant auprès d'un bon millier d'élèves.

Un grand merci à Roxane Hoyer, passionnée et toujours pertinente, qui n'a jamais compté ses heures pour améliorer le projet et la BD. Philippe Kahane, Olivier Bertrand, Vania Herbillon et les collègues du labo, qui n'ont jamais haussé les sourcils en voyant un directeur de recherche passer des heures à dessiner des petits mickeys en prétendant que « c'est de la recherche » (ce dont je suis véritablement convaincu).

Mes trois loulous, qui ne savent plus trop quel métier fait leur père, et qui m'ont aidé à trouver le bon ton pour les 5-15 ans.

Un clin d'œil nostalgique à Marc, avec qui nous produisions et vendions (1 franc) nos premières BD à nos petits camarades de collège (les aventures de Snipy l'écureuil).

Et, bien sûr, un grand merci à tous les enseignants de France et d'ailleurs qui noircissent les bulletins scolaires de « concentre-toi » et « sois moins distrait » et qui ont motivé cet ouvrage.

Sommaire

Guide illustré du cerveau attentif
(et distrait)

« C'est trop bien d'apprendre des choses sur le cerveau. »
Elsa, 5 ans.

Préambule

Le but de cette bande dessinée est de proposer une sorte de manuel de l'attention sous une forme adaptée aux plus jeunes, enfants et adolescents (mais sans exclure ces grands enfants que sont les adultes). D'image en métaphore, la BD explique ce qu'est l'attention, son fonctionnement et propose des moyens pratiques de l'apprivoiser malgré ses caprices. L'accent est mis sur la métacognition, c'est-à-dire la connaissance de son propre fonctionnement mental et son observation dans la vie de tous les jours. « Connais-toi toi-même », écrit Platon

Il y a plusieurs façons de lire ce livre, à vous de choisir celle qui vous convient. La BD peut se lire indépendamment du texte qui l'accompagne, d'une seule traite ou en piochant ici et là. C'est sans doute ce que préféreront les plus jeunes. Mais le lecteur un peu plus âgé pourra lire également les pages d'approfondissement qui constituent la deuxième partie de ce livre. Ce texte a pour but d'apporter précisions et clarifications, mais aussi (et surtout) de permettre d'expérimenter les thèmes abordés dans la BD et de s'exercer concrètement à maîtriser son attention. Ces pages sont aussi destinées aux parents qui liront avec leurs enfants ou aux enseignants. Ceux qui veulent en savoir plus pourront se tourner vers le livre scientifique dont est inspirée la BD : *Le Cerveau funambule*[1]. En résumé :

- si vous êtes grands-parents : lisez la BD à vos petits-enfants (et n'hésitez pas à appliquer les conseils qui y sont donnés) ;
- si vous êtes parents : lisez la BD à vos jeunes enfants, ou si vous avez des ados, laissez la traîner dans le salon en ayant pris soin de cacher toute forme d'appareil électronique ;
- si tu es au lycée : n'hésite surtout pas à feuilleter cette BD – en cachette si tu as l'impression qu'elle s'adresse aux plus jeunes ;
- si tu es au collège : lis la BD et montre ta grande maturité en lisant aussi les pages d'approfondissement de la deuxième partie ;
- si tu es à l'école élémentaire : essaie de lire la BD par petits bouts et fais-toi expliquer les pages compliquées par tes parents. N'hésite pas à dessiner des petits neurones ;
- si tu es à la maternelle : fais-toi lire la BD le soir avant de te coucher, en demandant à ce qu'on t'explique bien tous les mots que tu ne comprends pas ;
- si tu ne vas pas encore à l'école : attends encore un peu, sans manger les pages et sans te faire mal avec les coins du livre.

---

1. J.-P. Lachaux, *Le Cerveau funambule. Comprendre et apprivoiser son attention grâce aux neurosciences*, Odile Jacob, 2015.

CONCENTRE-TOI !

On demande souvent aux élèves d'être plus attentifs.

Ce qui ne veut pas juste dire être calme et obéissant.

Tu t'en rends bien compte quand tu réclames l'attention des autres.

Tu as besoin qu'ils t'écoutent, pas seulement qu'ils soient calmes.

Être attentif, c'est concentrer l'énergie de son cerveau pour bien entendre, bien comprendre, bien voir, se souvenir...

... travailler mieux, plus vite... presque sans effort.

... et mieux réussir tout ce qu'on fait...
avec plus de plaisir

MERCI, MERCI

Le problème, c'est que l'attention
a tendance à bouger dans tous les sens.

Alors que justement, se concentrer,
c'est arriver à la maintenir sur une cible.

C'est-à-dire rester stable,
un peu comme sur une poutre.

Il faut donc apprendre à rester stable,
sans tomber, et c'est possible,
en classe et en dehors...

+C'EST LÀ QUE ÇA SE PASSE

... à condition de comprendre
les forces qui, dans le cerveau,
bousculent notre attention.

LE CERVEAU AU TRAVAIL

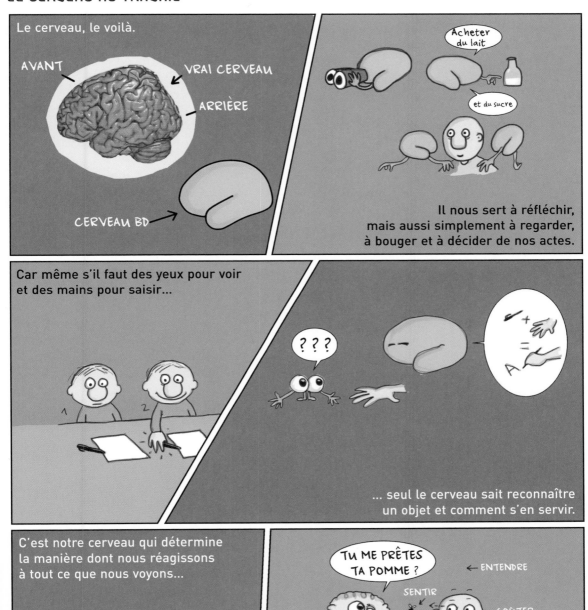

Le cerveau, le voilà.

AVANT

VRAI CERVEAU

ARRIÈRE

CERVEAU BD

Acheter du lait

et du sucre

Il nous sert à réfléchir, mais aussi simplement à regarder, à bouger et à décider de nos actes.

Car même s'il faut des yeux pour voir et des mains pour saisir...

???

... seul le cerveau sait reconnaître un objet et comment s'en servir.

C'est notre cerveau qui détermine la manière dont nous réagissons à tout ce que nous voyons...

TU ME PRÊTES TA POMME ?

← ENTENDRE

SENTIR

VOIR

GOÛTER

TOUCHER

... à tout ce que nous entendons, sentons, goûtons ou touchons, bref, à tout ce que nous percevons.

CENT MILLIARDS DE NEURONES

C'est aussi le cerveau qui sait comment shooter dans un ballon, pas les muscles.

COMME ÇÀ

BUT

PLUS VITE !

MAIS JE VOIS RIEN !

Et c'est bien lui qui sait danser ou dribbler, pas nos pieds.

Il réalise ces exploits grâce à cent milliards de neurones... autant que d'étoiles dans notre galaxie !

TOM

Certains de ces neurones servent à identifier ce que nous percevons... pour reconnaître un objet, l'odeur d'une fleur ou la voix d'un ami.

Chacun d'entre eux réagit à certaines choses plus qu'à d'autres...

TUT

TUT

MAIS JE CONNAIS, ÇÀ !

TUT

... et envoie des petits messages dès qu'il les reconnaît.

CHACUN SA SPÉCIALITÉ

Pour chercher un objet bleu, par exemple, on fait travailler les neurones qui détectent ce qui est bleu...

... et notre attention est alors attirée par tout ce qui est bleu.

C'est aussi comme ça qu'on peut faire attention aux fautes d'orthographe ou à un air de guitare... en réveillant les bons neurones à chaque fois.

Ailleurs dans le cerveau, d'autres neurones servent à faire bouger chaque partie de ton corps.

TUT TUT

Pour parler, te lever...

À plusieurs, ils peuvent actionner plusieurs muscles dans le bon ordre...

OK, CHEF !

PRENDRE STYLO

... pour réaliser des gestes compliqués et précis, comme écrire.

J'AIME, J'AIME PAS

D'autres neurones se souviennent de ce que tu fais d'habitude quand tu vois un objet.
Un stylo ? Ça se prend dans la main !

DEHORS !

Ces neurones t'encouragent à chaque fois à agir comme d'habitude.
Ça sonne ? Vite, sortir de la classe !

Enfin, d'autres neurones se souviennent de ce que tu aimes faire ou ne pas faire...

NUL
0/20

Ils crient sur les autres pour les empêcher de faire ce que tu n'aimes pas...

... ou pour les forcer à faire ce que tu aimes bien.

TRES BIEN

CONSOLE DE JEU

Ils te donnent envie de faire des choses, donc c'est bien qu'ils soient là...

ABUS DE POUVOIR

Mais si tu les laisses trop souvent faire,
ils peuvent prendre le contrôle de ton cerveau...

J'ARRIIIVE... DEUX SECONDES

... et t'obliger à faire uniquement ce qu'ils aiment.

C'est ce qui se passe quand tu deviens
« accro » à une activité particulière...

... et que tout le reste te semble nul.

Ces neurones adorent ce qui est excitant, ce qui bouge,
ce qui change...

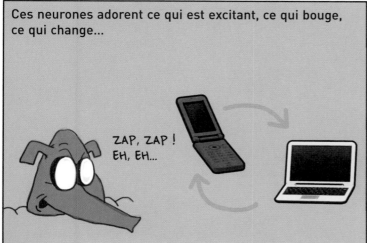

ZAP, ZAP !
EH, EH...

NOOOON !

ici

... et se désespèrent
quand c'est un peu trop calme.

TRAVAIL D'ÉQUIPE

Chaque neurone ne sait faire qu'une chose, mais il la fait bien.

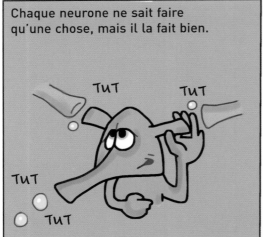

Les neurones doivent travailler en équipe pour faire des choses compliquées.

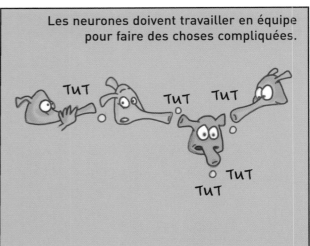

Chacun a des amis, qui forment son réseau, avec qui il préfère discuter. Un peu comme nous, finalement.

Les neurones deviennent amis à force de travailler en même temps.

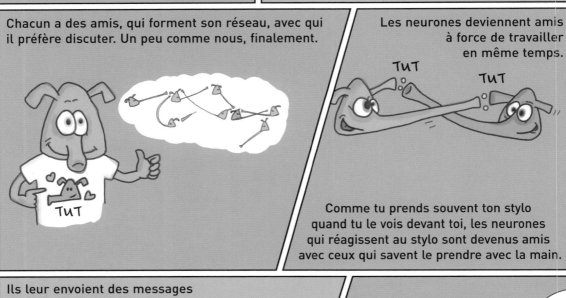

Comme tu prends souvent ton stylo quand tu le vois devant toi, les neurones qui réagissent au stylo sont devenus amis avec ceux qui savent le prendre avec la main.

Ils leur envoient des messages dès qu'ils sont réveillés...

et c'est comme ça que tu peux te retrouver à faire des gribouillis, juste parce que tu as vu un stylo.

LE MODE MARIONNETTE

Quand des neurones travaillent souvent ensemble, cela crée une habitude, comme se balancer sur sa chaise...

HEIN ? QUOI ?

C'EST QUI ? C'EST QUI ?

... ou se retourner au moindre bruit. Cela devient un automatisme.

Ces automatismes font sans cesse bouger le corps, en réaction à ce que nous percevons.

ALLEZ BOUGE, GROS PLEIN DE SOUPE !

Et si je me retourne quand la porte s'ouvre,

c'est parce que mes neurones qui ont vu la porte s'ouvrir ont réveillé leurs amis « bougeurs-de-tête ».

On dirait que ma tête est tirée vers la porte par un fil invisible ! Quand mon corps réagit à tout ce qui se passe autour de moi, selon mes habitudes...

TUT
TUT

SUPER MARIO... NNETTE

... je suis comme une marionnette tirée par des fils : je suis en MODE MARIONNETTE !

BONNES ET MAUVAISES HABITUDES

Mais attention, les habitudes sont souvent utiles...

... pour réagir vite, sans réfléchir...

et parfois bien

... pour regarder avant de traverser, faire du vélo ou conduire

... ou pour mettre un « s » au pluriel. Apprendre, c'est souvent apprendre des habitudes.

Se retourner au moindre bruit, c'est utile en traversant la rue, mais beaucoup moins en classe.

Il faut donc savoir quand obéir à ses habitudes et quand leur désobéir.

COMME AU CINÉMA

On peut réveiller certains neurones « détecteurs d'objets », même quand leur objet préféré n'est pas là.

On a alors l'impression de voir cet objet « dans la tête ».

Pense à un vélo rouge... Ça y est, tu as réveillé ces neurones !

TUT

C'est pratique pour te faire ton petit cinéma perso, que personne ne peut voir à part toi.

Et ça marche aussi avec les sons, pour te parler ou chanter dans ta tête... Magique !

TUT TUT

? ? ?

CE SOIR, JE JOUE

OUHOUH !

Tu sais maintenant ce qui se passe quand tu es dans la lune.

23

ELLE EST MENTALE ?

Mais ces neurones ne servent pas qu'à jouer ou à rêver : en réveillant les neurones qui reconnaissent les triangles, par exemple...

... tu vois un triangle dans ta tête et comment le dessiner

parce que ces neurones ont prévenu leurs amis qui s'occupent du geste pour tracer les triangles.

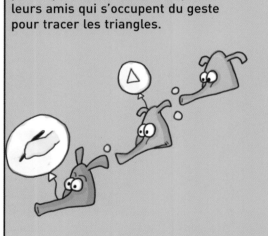

Une image qui est seulement dans ta tête, c'est une image mentale.

Un son aussi peut être mental. Tu saurais retrouver les premières notes d'Au clair de la lune ?

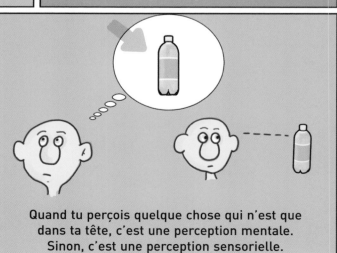

Quand tu perçois quelque chose qui n'est que dans ta tête, c'est une perception mentale. Sinon, c'est une perception sensorielle.

Donc, les neurones qui servent à voir et à entendre servent aussi à imaginer et à penser.

TUT
TUT
TUT

Et quand la pensée plaît aux neurones qui savent ce que tu aimes, ils t'encouragent à continuer.

TUT
TUT

Et tu pars complètement dans tes pensées.

CIAO !

Et si les neurones qui font bouger ton corps commencent à réagir, tu peux te mettre à danser sur une musique que tu as dans la tête.

Ou bien ranger tes affaires, simplement parce que tu as réalisé que la fin du cours approchait.

PRÊT !

Encore des fils de marionnette, mais commandés cette fois par tes pensées.

LES ACTIONS MENTALES

Il existe aussi des actions mentales, que personne ne peut voir à part toi.

Dessiner un chat dans ta tête, te parler ou imaginer que tu bouges la main droite.

Ce ne sont pas des actions physiques où tu bouges ton corps. Ce sont des actions que tu fais dans ta tête...

des actions « mentales ».

Une action, c'est quelque chose que tu peux décider de faire...

JE M'APPELLE

TOM

que tu utilises des muscles ou non.

On est tout le temps actif, même quand ça ne se voit pas !

Tes parents ont-ils des lunettes ? Qu'est-ce que tu as mangé hier soir ? Est-ce que j'ai écrit « lunete » correctement ? Combien de côtés a un triangle ? Pour répondre, tu dois aussi faire des actions mentales.

LA DANSE DE L'ABEILLE

Regarde maintenant autour de toi.

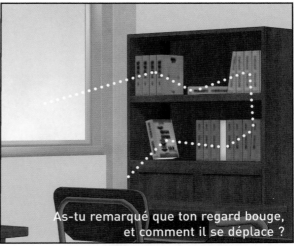

As-tu remarqué que ton regard bouge, et comment il se déplace ?

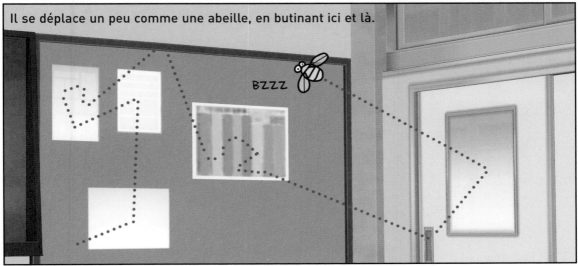

Il se déplace un peu comme une abeille, en butinant ici et là.

BZZZ

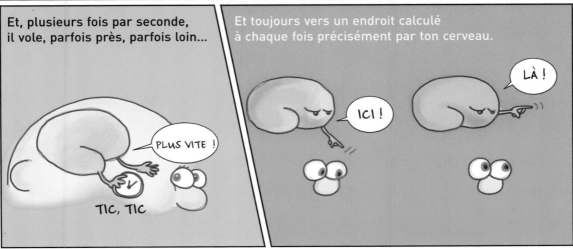

Et, plusieurs fois par seconde, il vole, parfois près, parfois loin...

PLUS VITE !

TIC, TIC

Et toujours vers un endroit calculé à chaque fois précisément par ton cerveau.

ICI !

LÀ !

À chaque fois que ton regard se fixe, des neurones examinent ce que tu as autour de toi à la recherche de ce qui pourrait t'intéresser.

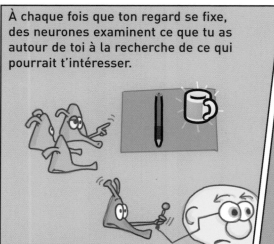

Et dès qu'ils trouvent, ils demandent aux neurones qui font bouger tes yeux d'aller voir.

Ton regard se déplace, tu vois autre chose et c'est reparti pour un tour.

OUAAAHHH !

Ici, les neurones de cette personne viennent de repérer quelque chose... Elle bouge ses yeux...

... et d'autres neurones reconnaissent qu'il s'agit d'un stylo.

Ils préviennent leurs amis qui savent prendre le stylo, et sa main le saisit... machinalement.

PERCEPTION... ACTION... PERCEPTION... OUPS !

Chaque nouvelle perception déclenche une nouvelle action. Chaque nouvelle action change ta perception. Perception-Action-Perception-Action...
PAPA !

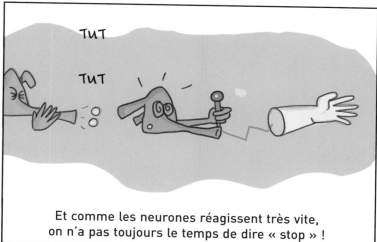

Et comme les neurones réagissent très vite, on n'a pas toujours le temps de dire « stop » !

À chaque instant, notre cerveau a moins d'une seconde pour choisir comment réagir à ce qu'il perçoit...

C'est pour ça qu'on se laisse distraire, parce qu'il se trompe parfois !

On regarde la tête du gardien au lieu de viser le but.

Ou on écoute ses pensées plutôt que le cours. Pas facile de rester attentif !

À VOS ORDRES, MAJESTÉ

Mais alors... pourquoi arrive-t-on à rester concentré, parfois ?

HEIN ? HEIN ? HEIN ?

Parce qu'à l'avant de notre cerveau il y a des « neurones-chefs » pour nous aider.

MES CHERS COMPATRIOTES...

Quand tu as l'intention de faire quelque chose, tes neurones-chefs s'en souviennent, ils gardent ton intention en « mémoire ».

PLAN GÉNIAL

1.
2.
3.
4.

Ton Intention, c'est ce que tu cherches à faire : envoyer le ballon dans la lucarne, chanter la note juste ou ne pas dépasser en repassant sur un dessin.

Avant chaque action, tes neurones-chefs peuvent juger si celle-ci va t'aider à réussir ce que tu souhaites faire.

⚽ = 👣

SILENCE !

OUF !

Et dire « stop » si ce n'est pas le cas. Si on leur en laisse le temps !

COMME UN SAC EN PLASTIQUE DANS LE VENT

QUI EST LE CHEF D'ORCHESTRE ?

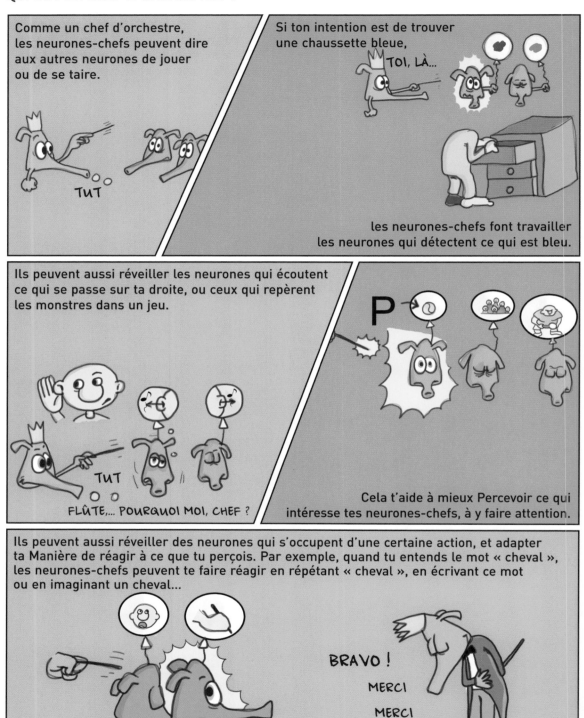

Comme un chef d'orchestre, les neurones-chefs peuvent dire aux autres neurones de jouer ou de se taire.

TUT

Si ton intention est de trouver une chaussette bleue,

TOI, LÀ...

les neurones-chefs font travailler les neurones qui détectent ce qui est bleu.

Ils peuvent aussi réveiller les neurones qui écoutent ce qui se passe sur ta droite, ou ceux qui repèrent les monstres dans un jeu.

TUT

FLÛTE,... POURQUOI MOI, CHEF ?

P

Cela t'aide à mieux Percevoir ce qui intéresse tes neurones-chefs, à y faire attention.

Ils peuvent aussi réveiller des neurones qui s'occupent d'une certaine action, et adapter ta Manière de réagir à ce que tu perçois. Par exemple, quand tu entends le mot « cheval », les neurones-chefs peuvent te faire réagir en répétant « cheval », en écrivant ce mot ou en imaginant un cheval...

BRAVO !

MERCI

MERCI

ET SI ON CHANGEAIT, POUR UNE FOIS ?

PIM !

Être concentré, c'est bien Percevoir ce qui est le plus important pour ce que tu as l'Intention de faire, et y réagir de la bonne Manière, avec les bons neurones. Une Perception, une Intention, une Manière d'agir : **PIM**.

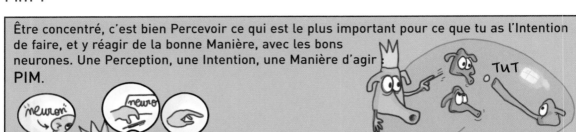

Les neurones-chefs permettent de rester concentré en faisant jouer ensemble les bons neurones qui perçoivent et agissent.

Quand un joueur de foot tire un coup franc, il se sert des neurones qui Perçoivent la forme du ballon, de ceux qui savent brosser le ballon avec le pied (sa Manière d'agir) pour l'envoyer loin du gardien (son Intention).

Quand une chanteuse interprète un morceau, elle se sert des neurones qui contrôlent sa voix (sa Manière d'agir), de ceux qui perçoivent la musique et l'émotion qu'elle provoque (sa Perception) avec l'Intention de communiquer cette émotion au public.

À chaque chose que tu fais correspond un PIM : une Perception, une Intention et une Manière d'agir et de réagir.

Et c'est aussi vrai en classe, pour bien rester concentré.

P   M   I

AH, AH, AH

Certaines choses demandent d'être vraiment attentif, comme si tu traversais une poutre qui peut être...

NULOS !

104.104

PAR ICI, MON GARÇON

étroite : si ce que tu dois faire est difficile
haute : si c'est dangereux de se déconcentrer
longue : si tu dois te concentrer longtemps.

Chaque tâche est donc comme une poutre à traverser, plus ou moins étroite, haute ou longue.

AH, AH !

M'ENFIN !

À toi de juger si tu dois être attentif ou non, selon les dimensions de cette poutre.

Cela t'évitera bien des erreurs... d'inattention.

EH !

étourderies
4/20

Il suffit de t'**A**rrêter pour **A**juster ton **A**ttention,
AAA

A vert = La poutre est large, pas de problème.
A orange = Plus étroite, attention !
A rouge = Difficile, je dois être très concentré.

OUIIIN !

Tant que tes neurones-chefs sont bien réveillés, tu es bien concentré. Seulement voilà...

TUT

TUT

... ils s'endorment vite.

Et quand ils s'endorment, tu oublies ce que tu voulais faire. Tes habitudes reprennent le dessus !

SUIS-JE DISTRAIT, MON LACET !

ZZZ

Tu OUblies ton INtention : OUIN !

OUIN

OUPS

Au lieu d'écrire le mot « chat » que tu viens d'entendre, tu t'imagines caresser le chat du voisin...

Ou tu envoies le ballon dans le but... de ton équipe. Quel distrait !

ABRUTI !

PARDON, CHEF !

LE COMBAT DES CHEFS

Il arrive aussi que plusieurs neurones-chefs se disputent.

Comme deux entraîneurs de foot qui donneraient des consignes différentes.

DÉFENDS

ATTAQUE

Ou deux professeurs donnant des exercices différents... en même temps.

CLAP CLAP

Quoi que tu fasses, l'un des deux dit que c'est mal.

Tu essaies de marcher sur deux poutres en même temps !

Tu commences à stresser parce que ton cerveau ne voit plus comment faire.

DÉCOUPER SELON LES POINTILLÉS

Quand tu n'arrives pas à te concentrer, vérifie d'abord que tu n'essaies pas de faire deux choses difficiles à la fois.

PIF   PAF

Ça se dispute peut-être à l'avant de ton cerveau. Que cherches-tu à faire vraiment ?

Il faut faire le ménage dans ta tête : une seule intention claire à la fois.

NEURONE 1er

ZZZ

EH !

Et donc un seul chef à la fois : bien réveillé !

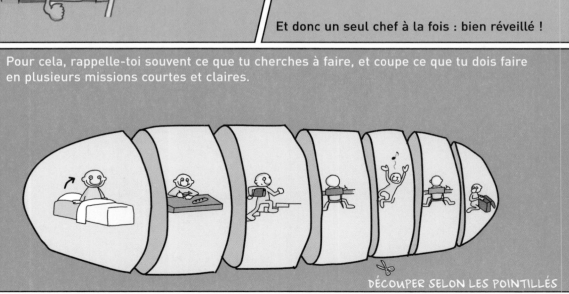

Pour cela, rappelle-toi souvent ce que tu cherches à faire, et coupe ce que tu dois faire en plusieurs missions courtes et claires.

DÉCOUPER SELON LES POINTILLÉS

MINIMOI ET MAXIMOI

Tu peux t'aider de ces deux personnages : Maximoi, sage et intelligent, mais faible, et minimoi, moins malin, mais rapide et fort.

Minimoi ne comprend que les consignes simples. Mais ce qu'il a compris, il le fait bien.

Maximoi découpe les choses compliquées en petites missions simples qu'il confie à Minimoi une par une, en précisant à chaque fois sa durée.

Au bout de quelques minutes, Minimoi oublie ce qu'il doit faire...

Alors Maximoi doit lui parler un peu comme un GPS : « Sois au feu rouge dans deux minutes ! »

PAM... DISTRAIT !

Les neurones-chefs ont souvent tendance à vouloir tous commander en même temps...

comme si Maximoi donnait plusieurs missions à la fois, en changeant tout le temps d'avis.

L'attention se disperse et on a l'impression de ne rien faire comme il faut.

Un neurone-chef peut aussi arriver avec une idée qui n'a rien à voir avec ce qu'on est en train de faire...

et nous proposer de tout arrêter pour passer à autre chose.

On peut appeler ça une PAM : une Proposition d'Action iMmédiate. C'est très distrayant.

JE SUIS UNE ÉQUIPE

Quand tu ne cherches à faire qu'une seule chose à la fois, tu es comme Minimoi. Tu te concentres plus facilement parce qu'il n'y a qu'un neurone-chef qui décide.

Cela aide ton cerveau à choisir rapidement l'action qui convient à chaque moment.

Entre deux missions, tes neurones-chefs peuvent discuter pour décider qui sera le chef juste après. Tu réfléchis, comme Maximoi.

Tu peux ainsi alterner le rôle de Maximoi et Minimoi. Quand tu es Maximoi, tu découpes ce que tu dois faire en petites missions simples.

Quand tu es Minimoi, tu les exécutes une par une dans le temps que tu t'es donné, et tu te reposes un peu après chaque mission réussie !

ZZZ

C'est comme si tu avais toute une équipe de Minimoi pour t'aider. Ça paraît plus facile !

UNE SUITE DE PETITES VICTOIRES

Minimoi ne commence une mission qu'une fois qu'il a compris ce qu'il doit faire.

Il le voit dans sa tête, comme si c'était déjà fait.

Un peu comme un acteur qui visualise la scène à jouer.

Ou un athlète le mouvement qu'il doit accomplir.

Comme les missions sont courtes, elles sont vite réussies : Minimoi enchaîne les victoires !

Et s'il ne voit pas bien ce qu'il doit faire, il refuse. À Maximoi de lui confier une mission plus simple !

(P)OUCE + (I)NDEX + (M)AJEUR = PIM

Dans une minimission, il y a parfois des passages qui demandent... plus de concentration.

PIM

Tu peux aider tes neurones-chefs en décidant quelle Perception, quelle Intention et quelle Manière d'agir tu veux privilégier : PIM !

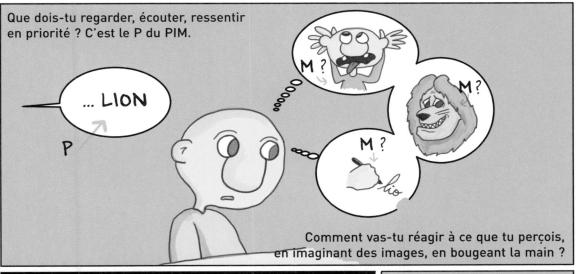

Que dois-tu regarder, écouter, ressentir en priorité ? C'est le P du PIM.

... LION

P

M ?

M ?

M ?

Comment vas-tu réagir à ce que tu perçois, en imaginant des images, en bougeant la main ?

Ce sera ta Manière d'agir pendant le PIM. Tu peux décider d'agir en bougeant la main, en faisant des additions, en imaginant quelque chose dans ta tête...

P
téléphone

M
téléphone

Et le I de ton PIM, c'est ce que tu cherches à réussir, ton Intention. P + I + M = PIM !

P
I
M

PIM, ÇA RIME AVEC FRIME

Si tu réfléchis, tu verras que, souvent, il faut un PIM pour réussir les choses difficiles ou risquées.

En fait, tu as toujours un PIM, quoi que tu fasses : une Perception, une Intention et une Manière d'agir privilégiées...

mais souvent, tu ne l'as pas décidé, tu ne t'en rends pas compte, et le PIM peut changer brutalement. C'est là que tu te déconcentres. Ce n'est pas toujours grave...

... mais quand tu dois te concentrer, il faut te demander quel est vraiment ton PIM. En énumérant sur tes doigts. Quelle Perception (le Pouce), quelle Intention (l'Index) et quelle Manière d'agir (le Majeur) dois-tu privilégier ?

Grâce à cette technique, tu réveilles le bon neurone-chef et la bonne équipe de neurones pour l'aider.

Avec un PIM pour chaque activité...

YO !

... tu sauras toujours comment te concentrer.

TRANQUILLE, ÉMILE

Pour repasser ce dessin à l'encre par exemple, j'ai bien regardé le trait de crayon (P), pour bien le repasser au stylo (I), en contrôlant finement les mouvements de la pointe (M). Ce PIM m'a aidé à être bien concentré.

Si j'avais changé de PIM, par exemple en regardant tout à coup par la fenêtre, j'aurais raté mon dessin.

Tant que tu gardes ton PIM, tes neurones-chefs sont bien réveillés et font travailler ensemble les bons neurones pour percevoir et agir.

Il y a même des PIM pour savourer une boisson ou un morceau de musique !

Sans PIM, tes neurones travaillent avec ceux dont ils ont l'habitude.

Ça peut marcher, d'ailleurs, pour ce qui est facile. Pas besoin de PIM pour boire un verre d'eau !

IMPbzzBLE Dbzzz ME C0bzzzzNTRER... QUE FAIRbzzzz ?

Quand tu as du mal à te concentrer,
c'est souvent que tu n'as pas de PIM...
ou que tu en as plusieurs en même temps.

Mais les habitudes sont tellement fortes
que, même avec un bon PIM, on peut se
laisser distraire...

... par un bruit, par une pensée...
le PIM ne suffit pas toujours. Que faire ?

PERCEPTIONS

ACTIONS

Grâce aux amitiés entre neurones, notre cerveau
transforme tout ce qu'il perçoit en actions.

Tu peux t'en rendre compte
en marchant... ou même
en restant assis tranquillement.

En remarquant que ton Regard bouge tout le temps,
sauf si tu fais vraiiiment un effort pour l'en empêcher.

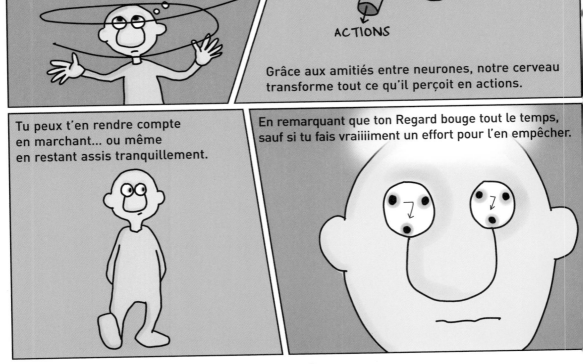

LE GRAND RETOUR DE PINOCCHIO

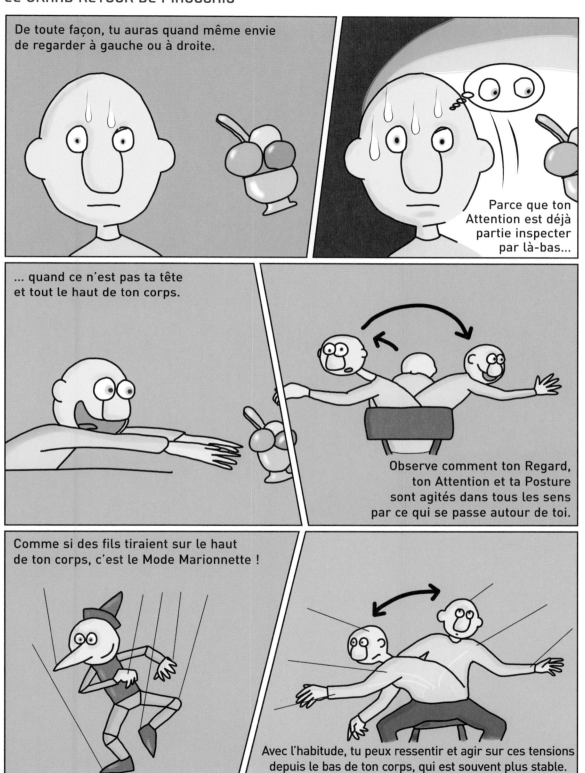

De toute façon, tu auras quand même envie de regarder à gauche ou à droite.

Parce que ton Attention est déjà partie inspecter par là-bas...

... quand ce n'est pas ta tête et tout le haut de ton corps.

Observe comment ton Regard, ton Attention et ta Posture sont agités dans tous les sens par ce qui se passe autour de toi.

Comme si des fils tiraient sur le haut de ton corps, c'est le Mode Marionnette !

Avec l'habitude, tu peux ressentir et agir sur ces tensions depuis le bas de ton corps, qui est souvent plus stable.

JE SENS QUE JE VAIS TOMBER...

Ce sont les neurones qui perçoivent, qui demandent à leurs amis de te faire bouger, pour regarder, prendre, toucher quelque chose...

REGARD
ATTENTION
POSTURE

Regard, Attention, Posture : RAP !
Facile de s'en souvenir...

Mais quand tu sens ces tensions sur ton Regard, ton Attention et ta Posture, tu n'es pas obligé de bouger ! Ce ne sont pas de vrais fils !

J'AI PAS DIT « JACQUES A DIT » !

Tu dois remarquer très vite que tu pars de côté, comme sur une poutre...

... pour éviter de tomber.

Apprendre à rester concentré, c'est apprendre à rester sur la poutre. C'est acquérir un bon sens de l'équilibre... attentionnel.

ELASTIC-MAN

Et il n'y a pas que ce qui se passe autour de toi qui peut te faire tomber.

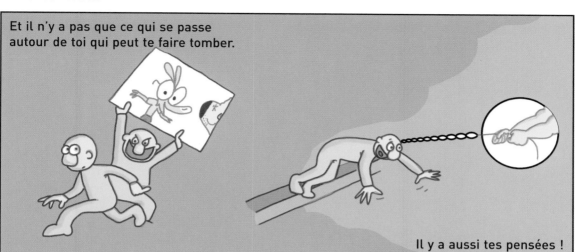

Il y a aussi tes pensées !

Tu penses à la pause qui approche et tu commences à ranger tes affaires.

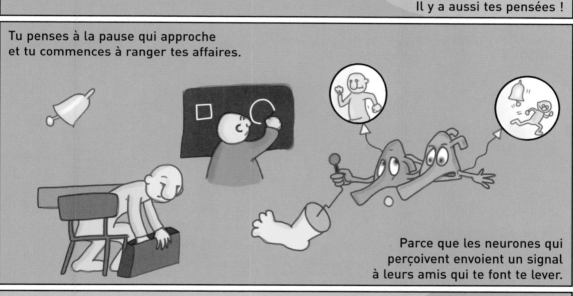

Parce que les neurones qui perçoivent envoient un signal à leurs amis qui te font te lever.

Cette Pensée fait bouger ton corps...

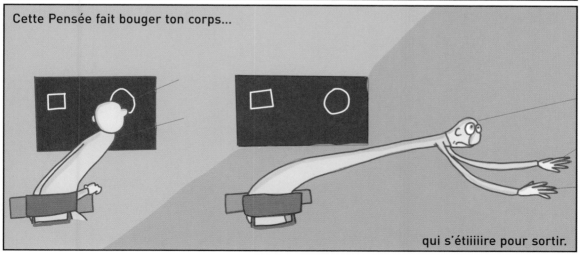

qui s'étiiiiire pour sortir.

C'EST MOI QUI DÉCIDE ! (PAS LA CACAHUÈTE)

Parfois, c'est ton bras qui s'Étend, pour aller chercher l'objet auquel tu viens de penser...

... un peu comme un éléphant qui cherche une cacahuète.

Tu peux observer ton bras s'étirer et le ramener tranquillement vers ton corps. Tu n'es pas obligé d'obéir à toutes tes pensées !

En ralentissant ton mouvement, tu laisses un peu de temps à tes neurones-chefs pour dire s'ils sont d'accord...

... ou non.

HALTE-LÀ !

Au moins, si tu tombes de la poutre, c'est toi qui l'auras choisi.

Et tu peux aussi Laisser-faire tes neurones, si ce qu'ils font est bien.

C'EST BON JE VOUS FAIS CONFIANCE

Parfois tes habitudes suffisent pour réussir ce que tu veux faire.

Regard, Attention, Posture, Pensées, Étirement, Laisser-faire. RAPPEL. Cinq lettres pour te rappeler comment faire attention...

RAPPEL

T'ES NUL !

BOUH !

... et rester bien stable sur ta poutre.

Parce que si tu tombes tout le temps, tu ne peux pas faire grand-chose.

Quand tu étais petit, tu as mis du temps pour apprendre à tenir debout. Il faut ensuite plusieurs années pour apprendre à garder son attention debout.

QUELQUES DERNIÈRES PRÉCISIONS

Le neurone est une cellule. Son corps s'appelle le corps cellulaire. Il envoie des messages aux autres neurones avec son axone, et il écoute ceux des autres avec ses dendrites (les vrais neurones n'ont pas de mains ni d'yeux, pas de couronne ni de couleurs).

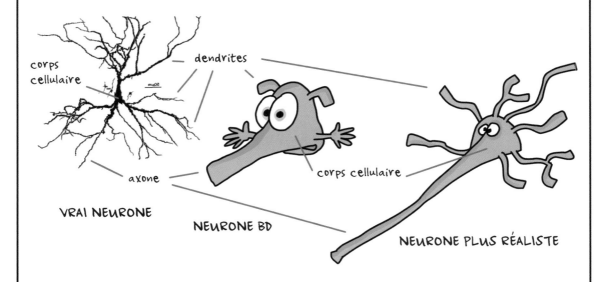

corps cellulaire

dendrites

axone

corps cellulaire

VRAI NEURONE

NEURONE BD

NEURONE PLUS RÉALISTE

Les neurones se transmettent des messages en s'envoyant des neurotransmetteurs.

TUT

NEUROTRANSMETTEURS

En voilà un qui aime la musique

tut... tut... tut, tut

Les chercheurs découvrent ce que font les neurones en les enregistrant. Ils ont des machines qui peuvent faire un petit bruit dès qu'un neurone réagit parce qu'il doit travailler : tut, tut, tut... Ils peuvent entendre les neurones ! C'est comme cela qu'ils ont découvert des neurones qui réagissent dès qu'on aperçoit la tour Eiffel, ou dès qu'on voit un objet se déplacer vers la droite, ou dès qu'on entend un mi... D'autres réagissent dès qu'on se prépare à bouger le petit doigt... On peut même savoir quel geste tu vas faire, rien qu'en enregistrant ces neurones !

Dans le cerveau, les neurones qui font la même chose se trouvent au même endroit. Cela leur permet de se parler plus facilement et plus vite. C'est pourquoi on peut parler de régions de la vision, de l'audition, du langage, de la motricité, de la mémoire, etc.

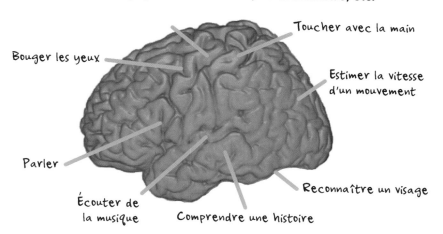

Les neurones se mettent toujours à plusieurs pour reconnaître ce qu'il y a autour de nous. Par exemple, pour reconnaître un tigre, il faut une équipe de neurones – un neurone tout seul n'y arriverait pas. Et puis, chaque neurone travaille dans plusieurs équipes. Heureusement, sinon, si ce neurone disparaissait, on ne reconnaîtrait plus les tigres ! Et c'est la même chose pour ceux qui déclenchent les mouvements du corps, et tous les autres... C'est toujours un travail d'équipe.

Pour chaque action, il faut toujours que des millions de neurones travaillent ensemble, depuis des régions très dispersées dans le cerveau. Et dès qu'on change d'action, ce sont d'autres neurones qui se mettent à travailler... Finalement, toutes les parties de notre cerveau servent à quelque chose !

2

Pour en savoir plus...
Vous reprendrez bien
un peu de neurosciences ?

« Enfin je comprends pourquoi je pars dans la lune. »

Tiffanie, 12 ans

Cette deuxième partie vient compléter la première partie illustrée soit en apportant des explications scientifiques complémentaires (lorsque la vignette est bordée de vert), soit en proposant de petits exercices qui t'aideront à te rendre compte par toi-même (lorsque la vignette est bordée de rouge) ou bien simplement des informations supplémentaires (vignettes bordées de bleu). N'hésite pas à les lire si tu veux vraiment comprendre ce qu'est l'attention, comment elle fonctionne et comment mieux la maîtriser.

CONCENTRE-TOI !

Il y a dans ton cerveau une porte que tu peux ouvrir ou fermer. Derrière cette porte se trouvent les parties de ton cerveau les plus intelligentes, celles qui servent à comprendre et à apprendre, mais aussi à bien agir et à bien réagir à ce qui se passe autour de toi. Quand tu ne fais pas attention à quelqu'un, ce qu'il dit ou fait rebondit sur ton cerveau sans te faire réagir, comme si ton cerveau était fermé. Comment te sens-tu quand on ne fait pas attention à toi ? Invisible ? Ignoré ? Comme si tu n'étais pas là ?

Au contraire, quand les attentions de deux personnes se rencontrent, **elles sont connectées l'une à l'autre :** chacune réagit à ce que dit ou fait l'autre, elles sont *vraiment* ensemble. Quand tu fais attention à quelque chose ou à quelqu'un, tu lui ouvres les portes de ton cerveau et tu lui accordes toute ton énergie.

Cette énergie, c'est ta principale richesse, c'est bien pour ça qu'on te la réclame tout le temps, à travers les publicités, les programmes à la télé ou sur Internet… Est-ce que tu te rends compte de tous ces gens qui essaient d'avoir ton attention ? Comment s'y prennent-ils, d'ailleurs ? Tu es toujours d'accord pour la leur accorder ?

Si tu montes un escalier sans énergie, en traînant les pieds, tu y passes des heures et tu finis épuisé : c'est la même chose avec ton attention, qui est ton énergie mentale. D'ailleurs, tu te souviens de moments où tu étais bien concentré ? Comment te sentais-tu ? **Plutôt calme, paisible, efficace ?** Ou cela ne te dit rien parce que tu es tout le temps distrait ? (Dans ce cas, essaie quand même de lire ce livre, une page à la fois.)

ÇA VEUT DIRE QUOI, ÊTRE ATTENTIF ?

Imagine que tu aies un bouton sur le sommet de la tête qui te rende superattentif pendant cinq minutes à chaque fois que tu appuies dessus : est-ce que tu t'en servirais ? Dans quelles situations ? Tu avais déjà remarqué que **l'attention, ça ne sert pas qu'en classe ?**

Rester concentré, c'est rester connecté. Malheureusement, on ne peut pas être connecté à deux choses à la fois, tout comme on ne peut pas regarder dans deux directions à la fois (certains y arrivent, mais ça donne un air louche...). Faire attention à plusieurs choses en même temps, c'est comme essayer de se couvrir à la fois les pieds et la tête avec une couverture trop petite : c'est impossible. C'est pour ça qu'on passe souvent son temps à se connecter et à se déconnecter avec son attention. Mais si la connexion s'interrompt sans arrêt, on ne peut rien faire, comme au téléphone ou sur Internet quand on n'a pas beaucoup de réseau. Pour pouvoir utiliser ton énergie mentale, il faut que tu arrives à rester connecté.

Pour apprendre à skier ou à faire du bateau, tu dois attendre d'être sur les pistes ou sur l'eau... Par contre, toutes les occasions sont bonnes pour apprendre à te concentrer : chez toi, à l'école, au collège, au lycée ou même pendant tes loisirs ! Ça tombe bien, parce que c'est comme le sport ou la musique, ça ne s'apprend pas du jour au lendemain. Mais avec toutes ces heures passées assis en classe, tu as vraiment le temps d'apprendre à rester connecté... et tu verras comment **un cours de maths peut te faire progresser en guitare** (si, si).

CENT MILLIARDS DE NEURONES

 100 milliards, c'est aussi le nombre de grains de sable dans un cube de 1 mètre de côté ! (Un petit problème de maths de rien du tout, avec 1 500 kilos de sable dans 1 mètre cube et des grains de 15 microgrammes.) C'est aussi le nombre de galaxies dans l'Univers, dit-on... En tout cas, c'est un nombre que la nature aime bien, c'est sans doute sa façon de dire « beaucoup ».

Ces 100 milliards de neurones sont surtout à la surface du cerveau, qu'on appelle **le cortex.** Pourquoi le cortex ? Parce que ça veut dire « écorce » en latin et que, comme sur un tronc d'arbre, l'écorce c'est ce qui est autour, à la surface. Il y a aussi des neurones sous le cortex, dans des régions qu'on appelle « sous-corticales » (on aurait pu dire « sous-cortexicales », mais c'est moche).

 Chaque objet intéresse plusieurs neurones, pas un seul. Heureusement, sinon il suffirait de perdre un neurone pour ne plus jamais reconnaître un marteau. Ou sa mère. Par contre, tous les neurones qui reconnaissent les visages des gens que tu connais sont au même endroit dans ton cerveau, et si cette région ne fonctionnait plus, tu ne reconnaîtrais plus personne sur les photos (ça arrive à certains).

CHACUN SA SPÉCIALITÉ

Il y a des petites régions du cerveau où tous les neurones qui font bouger la même partie du corps sont regroupés : pour les yeux, la tête, la main, etc. En s'y mettant à plusieurs, ces neurones peuvent faire des gestes compliqués, avec des équipes un peu différentes pour ouvrir une porte ou tourner un robinet par exemple, parce que ce ne sont pas exactement les mêmes gestes... **Les champions qui font des gestes précis et compliqués ont besoin d'entraîner leur cerveau** pendant des années pour qu'il devienne rapide et efficace comme leurs muscles. C'est pour cela que Yann Morisseau, le préparateur physique de Teddy Riner, le champion de judo, a un jour déclaré en parlant de son poulain au journal *L'Équipe* : « Son muscle le plus fort, c'est son cerveau » (c'est une expression, parce que le cerveau, ce n'est pas du tout un muscle à vrai dire). Toi aussi, avec de la patience, tu peux améliorer les performances de ton cerveau et de ton attention.

Imagine-toi en train de mettre un doigt dans ton nez (pas la peine de le faire vraiment...). C'est bon, ça y est ? Eh bien, tu as réveillé certains des neurones qui s'occupent de bouger ton doigt ! Et si tu le fais pour de vrai (n'hésite pas, si personne ne te regarde), tu en réveilles encore plus. **C'est facile de réveiller ses neurones !** (Tu peux aller laver ton doigt maintenant.)

J'AIME, J'AIME PAS

Chez certaines personnes, ces neurones qui associent perception et action sont abîmés : si on leur montre un marteau ou un tournevis, **ils ne savent plus comment s'en servir,** même s'ils se souviennent du nom de cet outil... Étrange, non ?

Que ressentirais-tu si tu devais travailler alors que ton cadeau d'anniversaire est là, sous tes yeux, pas encore ouvert ?... Ou qu'un message sans doute super marrant vient d'arriver sur ton portable ? Il y a comme des forces qui attirent l'attention, n'est-ce pas ? On a parfois tellement envie de faire quelque chose qu'on ne peut plus penser à rien d'autre. On est attiré, **comme une bille de métal par un gros aimant,** et si on doit attendre, c'est l'horreur. Tu as déjà eu cette impression ? Difficile de résister, non ?

Les neurones masqués que tu vois dans la bande dessinée pages 10 et 11 essaient tout le temps d'attirer ton attention vers ce qui est amusant ou agréable, comme un aimant. Nous allons les appeler « neurones-aimants », même si ce n'est pas leur vrai nom (en fait, **ce sont les neurones du circuit de la récompense :** un circuit – parce que ça fait une boucle comme un circuit de course de voitures – qui te prévient dès qu'il y a quelque chose dans le coin que tu aimes bien, comme une récompense).

D'autres neurones font un travail semblable pour t'alerter en cas de danger. Ils fonctionnent aussi comme des aimants, parce qu'ils cherchent aussi à déplacer ton attention, donc nous les appellerons aussi « neurones-aimants ». Tu arriverais à rester concentré sur ce livre si une bête enragée se préparait à te bondir dessus ? À cause de tous ces « neurones-aimants », **nous sommes facilement distraits par ce qui nous menace ou par ce qui nous fait plaisir,** même quand il ne s'agit que de pensées dans notre tête !

 À la suite d'une maladie, une personne a un jour perdu ses deux amygdales, ces deux petits endroits du cerveau en forme d'amande où habitent justement des neurones-aimants qui sonnent l'alerte quand nous sommes menacés. **Cette personne n'arrivait plus à ressentir le danger,** au point de repasser tranquillement dans un parc la nuit, après s'y être fait attaquer la veille ! Quand tu as peur sans trop savoir pourquoi, pense à ces deux petites amandes qui s'excitent dans ta tête... Si seulement on pouvait les éteindre parfois... on ne ferait peut-être plus jamais de cauchemar !

 « Moi, je me concentre facilement quand c'est quelque chose que j'aime bien. » C'est ton cas ? C'est normal : tes neurones-aimants ne sont pas toujours en train de semer la panique dans le cerveau, parfois ils t'aident même à te concentrer, par exemple, quand tu as envie d'apprendre de nouvelles choses, juste par curiosité, ou quand tu es concentré sur une activité que tu as choisie et que tu aimes bien. **Plus tu es attentif, plus tu prends de plaisir à ce que tu fais.** Ton cerveau est alors en paix.

ABUS DE POUVOIR

Au fait, pourquoi ne pas laisser les neurones-aimants décider ? Ça serait quand même plus marrant, non ? Pas si sûr : pour tester la force des neurones-aimants, deux chercheurs canadiens ont fabriqué une machine qui permettait à un rat d'exciter lui-même ces neurones en appuyant sur un petit bouton. **Le rat a tellement appuyé qu'il en a oublié de se nourrir,** au point de quasiment mourir de faim ! Complètement accro ! Ses neurones-aimants étaient devenus les chefs de son cerveau et ils le forçaient à appuyer ! Pas sûr que le rat se soit vraiment amusé...

Sans aller jusque-là, cela t'arrive parfois de rester collé devant un écran, sans arriver à te lever pour aller manger ou te coucher ? Encore les neurones-aimants ! Dans la vie, mieux vaut ne pas laisser les manettes de son cerveau à ces petits brigands : tu peux les écouter un peu, mais pas trop et surtout pas tout le temps. Tu peux avoir du plaisir à faire quelque chose, sans forcément ne vouloir faire que ça.

Maintenant, souviens-toi des neurones-aimants quand tu vois quelqu'un accro à un écran : imagine-les s'exciter dans sa tête ! Et toi, la prochaine fois que tu es distrait par une envie soudaine, arrête-toi et ne bouge plus : est-ce que tu te sens attiré comme une bille par un aimant ? Est-ce que tes neurones-aimants essaient de faire bouger ta main, tes yeux, tout ton corps ? Tu es d'accord avec eux ? Si tout est OK, tu peux y aller, mais, **au moins, c'est toi qui décides.**

Quand tes neurones-aimants sont trop forts, tu les sens hurler de désespoir dès que tu dois faire quelque chose qu'ils n'aiment pas : c'est une sensation très désagréable. Cela t'arrive parfois ? Tu sens tes neurones-aimants qui se plaignent ? Heureusement, ce sont les meilleurs moments pour entraîner ton attention, parce que c'est là que les forces qui te distraient sont les plus fortes... C'est comme avec la voile : tu ne peux pas apprendre à diriger ton bateau s'il n'y a jamais de vent !

C'est bien d'aimer quand il se passe plein de choses et que ça va vite, mais il ne faut pas que tu sois malheureux comme une pierre quand il y a moins d'action. Le but, quand on apprend à être attentif, c'est d'être à l'aise dans toutes les situations. Les neurones-aimants n'aiment pas les pro-messes lointaines : **ils veulent leur cadeau tout de suite.** C'est pour ça qu'on est souvent moins motivé par quelque chose qui se passera dans longtemps... Tu l'avais déjà remarqué ?

TRAVAIL D'ÉQUIPE

 Éloigner ta main quand tu touches un objet brûlant, c'est un réflexe. Tourner la tête quand on t'appelle, c'est une habitude. **Les habitudes sont des réflexes sophistiqués.** Il y a même des habitudes de langage dont les élèves adorent se moquer chez les enseignants (alors qu'eux aussi ont des tics de langage, mais ce n'est pas bien de se moquer des élèves).

Quand une personne agit toujours de la même façon, « comme d'habitude », on dit qu'elle agit machinalement ou de manière automatique. Mais **être humain, c'est aussi savoir s'adapter** et ne pas réagir comme une machine ou un automate.

LE MODE MARIONNETTE

Si tu connais des gens un peu stressés, observe-les bien et remarque tous leurs petits gestes. Presque tous leurs mouvements sont automatiques : ils veulent aller vite et leurs neurones se passent la balle comme ils le font d'habitude sans réfléchir pour ne pas perdre de temps. **C'est un peu la panique dans leur cerveau :** au moindre bruit, ils tournent la tête, c'est plus fort qu'eux !

Quand nos neurones jouent ensemble comme d'habitude, on remue dans tous les sens machinalement, on réagit à tout ce qui se passe autour de nous, on touche tout ce qu'on a sous les yeux, on dit tout ce qui nous passe par la tête... Si cela t'arrive, **RA-LEN-TIS : tu n'es pas obligé d'obéir,** ces neurones ne doivent pas toujours décider pour toi. Reprends les commandes de ton cerveau !

BONNES ET MAUVAISES HABITUDES

Les habitudes ont un grand avantage : elles nous permettent de réagir vite. À force de lire par exemple, tu as pris l'habitude de prononcer les mots que tu vois écrits, et tu as même peut-être du mal à voir le mot « silence » sans le prononcer dans ta tête, non ? Silence, si-len-ce, **SILENCE** !!! CHUT !!!!! Sans ces habitudes, il te faudrait trois heures pour lire cette page.

Les neurones sont comme les joueurs d'une équipe de foot qui se passent le ballon pour traverser le terrain jusqu'aux cages. Tout seul, c'est difficile de marquer un but (et en plus, c'est pas terrible de jouer perso), mieux vaut faire des passes. Mais si Joan passe tout le temps le ballon à Lisa parce qu'il la connaît bien, leurs adversaires vont finir par s'en rendre compte et ça ne va plus marcher... Les joueurs doivent en permanence apprendre de nouvelles façons de jouer ensemble, et c'est la même chose avec les neurones. Pour apprendre, pas besoin de nouveaux neurones, il suffit d'habituer ceux qui sont déjà là à jouer ensemble de manière différente.

C'est comme ça qu'une mauvaise habitude peut être remplacée par une bonne : au début, quand on apprend à faire du vélo, on ne sait pas comment réagir quand le vélo commence à tomber, alors on crie... C'est une mauvaise habitude. À force d'essayer, on finit par mieux réagir pour garder l'équilibre, comme sur une poutre. **Si tu t'entraînes bien, tu peux aussi apprendre à te reconcentrer quand tu te laisses distraire,** et cela peut devenir une bonne habitude.

Voici une série d'habitudes. Tu dois dire à quel contexte elles sont adaptées.

Te retourner au moindre bruit :
a) dans la forêt la nuit
b) dans une salle de cinéma
c) en classe

Faire coucou :
a) quand tu vois quelqu'un qui te cherche à la gare
b) pendant une minute de silence
c) quand tu vois un gang qui braque une banque

Refaire ton lacet défait :
a) sur le trottoir en ville
b) en dévalant une pente à toute allure en VTT
c) dans les derniers mètres d'un marathon

Regarder tes SMS :
a) seul dans la queue du supermarché
b) seul dans la queue du supermarché quand c'est ton tour et que tout le monde attend
c) au milieu d'une discussion importante

COMME AU CINÉMA

Demande aux gens que tu connais s'ils voient parfois des images dans leur tête et à quoi elles leur servent. S'ils ne voient pas bien de quoi tu parles, propose-leur l'exercice du cheval qui est décrit juste après.

Tu veux réveiller les neurones dont parle la BD ? Facile. Regarde cette croix : **X**

... et imagine un cheval blanc (prends ton temps). De quel côté est sa tête ? Est-il arrêté ou au galop ? Pour répondre, tu as dû faire apparaître une image sur le petit écran qui est dans ta tête : **c'est ça, une image mentale.** Tu peux réessayer : de quel côté sont les barres de la lettre majuscule qui est juste avant G dans l'alphabet ? Paf, encore une petite image. Tu l'as peut-être à peine vue, mais elle était bien là, sur ton écran personnel. D'ailleurs, pourrais-tu dire où est apparue cette image : devant toi, sur ta gauche, sur ta droite, sous tes pieds ? Elle avait quelle taille, à peu près ?

Tu dois être bien concentré pour que l'image reste affichée longtemps sur ton écran : tu peux essayer avec celle du cheval. Pas si simple, n'est-ce pas ? En général, elle apparaît, disparaît, puis apparaît de nouveau, et il faut à chaque fois faire un petit effort pour la faire revenir. C'est plus facile si l'image intéresse tes neurones-aimants, parce qu'ils t'aident à la stabiliser. Ils peuvent même franchement se repasser le film d'un moment de ta journée qu'ils ont bien aimé ou qui t'a fait peur, ou quelque chose qui pourrait se passer dans le futur. Quand ça arrive à quelqu'un, ça se voit tout de suite : la personne se fige et ne répond plus, et elle a le regard dans le vide, un peu comme un poisson sur l'étal du poissonnier. **Son cerveau ferme la porte pour ne pas être dérangé** et regarder tranquillement sa télé.

Certains s'entraînent à garder longtemps des images sur leur écran mental afin d'améliorer leur concentration. Tu peux essayer en imaginant le chemin que tu parcours pour aller en classe depuis chez toi, ou le visage de cinq de tes amis, les uns après les autres. Alors, facile ou difficile ? Qu'est-ce qui te distrait ? Tu préfères avoir les yeux ouverts ou fermés ? Est-ce que les neurones-aimants essaient de piquer la télécommande pour passer des images qui les amusent davantage ?

Compte le nombre de points à la fin de cette phrase, sans faire aucun bruit......... C'est bon ? Est-ce que tu as entendu ta voix, dans ta tête, en train de compter : « Un, deux, trois... » ? C'est difficile de compter sans énoncer les nombres avec sa « **petite voix** », celle que personne n'entend à part nous. Est-ce que tu te parles souvent ? Tu peux jouer à un jeu si tu veux : pose tes mains devant toi, les doigts écartés et la paume à plat sur la table, et regarde quelques secondes chacun de tes dix doigts, l'un après l'autre, du plus petit à gauche jusqu'à son petit copain tout à droite, en passant par les pouces. Tu vas faire attention à ta petite voix et essayer de remarquer si elle dit des petits mots ou même si elle émet des petits sons... Au moment où tu regardes le majeur gauche, peut-être ? Ou l'index droit ? Tu t'es dit quoi ? Pas de panique, c'est bien toi qui te parles, pas des esprits ou des Aliens qui contrôlent tes neurones.

La petite voix, c'est la radio du cerveau. Quand elle se met en marche avec l'écran mental, c'est la totale, tu es complètement dans la lune. Si tu veux rester sur Terre avec nous, tu peux faire cet exercice avec tes mains. Tu peux même essayer en déplaçant ton regard sur une phrase plutôt que sur tes doigts – ou sur n'importe quel objet à vrai dire.

ELLE EST MENTALE ?

Les images mentales servent aussi à réfléchir, à comprendre, à imaginer et à expliquer. Tu saurais expliquer comment faire des crêpes ? Tu dois sans doute utiliser ton écran pour afficher des images de la recette et décrire ensuite ce que tu « vois ». **L'écran mental sert très souvent en classe,** avant de dessiner une figure en maths, par exemple. Tu peux même projeter son image sur ta feuille avant de dessiner, comme sur un écran de cinéma. Ça peut t'aider, même si cette image n'est pas aussi nette que si elle était vraiment dessinée (c'est normal). Cela peut aussi t'aider d'imaginer le geste que tu ferais pour la dessiner, avec la sensation du stylo dans la main. Tu peux essayer si tu veux : l'image du triangle en train d'être dessiné… La sensation du stylo entre tes doigts… À toi de jouer !

PSST... TU VIENS ?

L'écran mental est utile pour se rappeler certaines choses (comme la recette des crêpes) et pour travailler (dessiner un triangle) : **il sert à ce que les chercheurs appellent la mémoire de travail** (mémoire + travail : logique), tout comme la petite voix. La mémoire de travail te permet de garder en tête pendant quelques secondes ce que tu viens d'imaginer, de penser, de voir ou d'entendre. C'est elle qui te permet de ne pas oublier la question que tu veux absolument poser ou l'énoncé que tu viens de lire. Seul problème : cette mémoire s'efface dès qu'on se laisse distraire et il faut tout re-com-men-cer. Pour éviter cela, le cerveau a un truc : il ferme sa porte pour ne pas être dérangé. C'est pour ça qu'il est difficile de continuer d'écouter quand on veut absolument poser une question ou de voir ce qu'il y a devant soi quand on imagine autre chose (essaie d'imaginer tout le chemin que tu fais pour aller en cours, tout en jouant à un jeu vidéo d'action : dur, dur). Les chercheurs ont montré que ceux qui ont une bonne mémoire de travail réussissent mieux en classe... C'est normal : elle sert tout le temps ! Bonne nouvelle, elle s'entraîne... En apprenant à stabiliser son attention (ben oui, puisqu'elle s'efface dès qu'on est distrait) et en restant calme : plus on est détendu, plus c'est facile de garder une image dans la tête.

Parfois, on réagit aux images qui passent sur son écran mental comme si elles étaient vraies. Les hypnotiseurs le savent bien ! Ils peuvent faire imaginer aux gens qu'ils sont dans un désert brûlant pour leur faire enlever leur manteau ou leur pull... **Mais nous sommes très forts pour nous hypnotiser tout seuls :** est-ce qu'il arrive qu'une image apparaisse tout d'un coup sur ton écran mental et te donne envie de faire quelque chose ? Si tu penses au chocolat dans le placard, est-ce que cela te donne envie de te lever pour aller en chercher ? Si tu penses à ton téléphone, est-ce que cela te donne envie de l'allumer ? C'est comme une petite pub au milieu d'un film, qui est là pour nous donner envie de faire quelque chose : ces images mentales sont si puissantes qu'elles peuvent faire bouger tout notre corps, comme sous hypnose ! Tout à l'heure, nous leur donnerons un petit nom : PAM !

LES ACTIONS MENTALES

Comment est-ce qu'on caresse un chat ? Imagine ce que doit faire ta main... sans le faire vraiment... Ta main droite ou ta main gauche d'ailleurs ? Et pour sauter sur un trampoline, que fait-on avec les jambes ? Ne bouge pas ! À chaque fois que tu imagines un mouvement dans ta tête, que personne ne peut voir, **c'est une action mentale.**

Imagine maintenant ta main droite comme si tu la tenais droit devant toi écartée, la paume tournée vers le haut (n'essaie pas de lire et d'imaginer en même temps, c'est trop dur). On y est ? Imagine maintenant que tu tournes la paume vers le bas... De quel côté est le pouce ? Encore une action mentale ! Tu avais sans doute l'image de ta main sur ton écran mental et tu l'as modifiée. Modifier ce qu'il y a sur son petit écran, c'est une action mentale, dont on a très souvent besoin. Utiliser ta petite voix pour réciter un texte ou chanter une chanson, c'est aussi une action mentale. **Tout ce que tu fais « dans ta tête » est une action mentale.** Tu as d'autres exemples ? Tu comprends maintenant que quelqu'un peut sembler très calme alors qu'il est superactif dans sa tête : être attentif, ce n'est pas juste être sage !

Imagine à nouveau que ta main droite est tendue devant toi avec les doigts en haut et que tu la tournes vers le bas... Encore, encore... jusqu'à faire un tour complet avec ton poignet (on est bien d'accord que tu ne dois pas vraiment faire le mouvement, n'est-ce pas ?) : tu y arrives ? Ça fait bizarre, non ? Même si tu ne fais pas vraiment un tour complet avec ta main, tes neurones connaissent tellement bien ton corps qu'ils sont capables de te prévenir que cette position ne serait pas confortable.

De nombreux champions s'entraînent en imaginant à l'avance les mouvements qu'ils vont devoir réaliser : ils s'imaginent descendre une piste de ski ou faire un mouvement de gym par exemple. C'est une façon pour eux de bien préparer les neurones qui vont ensuite leur permettre de bouger leur corps, quand ils seront en train d'effectuer le mouvement pour de vrai. Comme l'écran et la petite voix, les actions mentales peuvent donc nous aider ou au contraire nous distraire, tout dépend du moment. Si tu imagines que tu es en train de danser ou de tirer un penalty au lieu d'écouter ce qu'on te dit, évidemment, c'est distrayant, parce qu'il faut être très concentré pour imaginer un mouvement.

 La prochaine fois que tu fais un devoir, **essaie d'identifier à quel moment tu as besoin de réaliser des actions mentales :** soit pour dessiner sur ton écran, soit pour te dire des choses avec ta petite voix. Tu verras, cela arrive tout le temps ou presque : pour comprendre un énoncé, pour réfléchir... D'ailleurs serais-tu capable de comprendre et de résoudre les deux problèmes suivants sans rien dessiner sur ton écran mental ?

(Pour les plus jeunes) « Des fourmis font la course, une fourmi double la deuxième, quelle est maintenant sa place ? »

(Pour les autres) « Je suis quelque chose qui peut voyager dans le monde entier en restant dans mon coin. Qui suis-je ? »

Il est bien difficile de réfléchir sans images ni actions mentales.

Comme l'écran mental, la petite voix est souvent très utile : essaie de retenir une chanson ou un poème par cœur sans la petite voix : impossible ! Ou même de noter sur un cahier ce qu'on vient de te dire... **Ta petite voix est in-dis-pen-sable.** Raison de plus pour ne pas laisser tes neurones-aimants décider de la station de radio que tu écoutes. Réfléchis un instant à des moments de la journée où tu as besoin de ta petite voix, que ce soit chez toi ou en classe. Est-ce qu'elle te distrait, parfois ?

LA DANSE DE L'ABEILLE

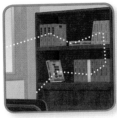

Regarde le rond au centre de cette phrase… o… Est-ce que tu vois bien les lettres des mots autour ? Recommence si tu veux. Au-delà de quelques centimètres, notre œil ne voit plus les petits détails, et c'est la raison pour laquelle nous bougeons sans arrêt notre regard : **nous ne pouvons voir précisément qu'à un seul endroit à la fois.** C'est la même chose avec l'attention, qui ne peut se porter que sur un seul objet à la fois.

Regarde maintenant fixement une lettre, par exemple ce « e ». Sans rapprocher ta tête du livre, essaie de fixer ton regard à l'intérieur de la toute petite zone blanche en haut de la lettre. Si tu as du mal, c'est normal : **le regard fait sans arrêt des petits sauts.** Même quand on a l'impression que notre regard est « posé », il ne tient pas en place.

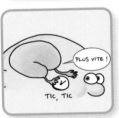

Notre regard fait de grands déplacements rapides dans les airs pour aller d'un endroit à un autre et parfois de petits pas une fois qu'il est posé. **Il est tout le temps en mouvement, exactement comme une abeille** qui vole autour d'un massif de fleurs, mais beaucoup plus rapidement : les grands déplacements s'appellent des saccades (bzzzz), et pendant une saccade, ton regard met moins de cinq centièmes de seconde pour aller d'un endroit à un autre. C'est vraiment très court : c'est le temps que met un champion olympique de sprint pour parcourir 50 centimètres !

Retourne à la BD et regarde une des pages pendant quelques secondes, puis reviens ici lire la suite… Qu'as-tu vu ? Est-ce que tu as constaté que ton abeille-regard s'est surtout posée sur certaines parties de la page ? Pas n'importe lesquelles : sans doute les visages des personnages ou les bulles avec des lettres… Quand tu regardes autour de toi, est-ce que tu peux aussi remarquer que ton regard ne se pose pas n'importe où, mais plutôt sur des objets, des visages, des mots écrits, comme une abeille qui se pose surtout sur les fleurs ? (Tu pourras refaire cet exercice dans un magasin.) **Est-ce que tu as l'impression de vraiment choisir tous les endroits où tu regardes,** ou est-ce que ça se fait tout seul ? Même si on réfléchit vite, on ne peut pas vraiment décider de tout ce qu'on regarde parce que le regard bouge environ trois fois par seconde. Ça va beaucoup trop vite !

Malgré tout, chaque endroit que nous regardons est à chaque fois soigneusement choisi par certains de nos neurones, sans que nous ne nous en rendions compte. Nous avons une belle petite machine dans la tête, non ?

Notre abeille-regard vit sa petite vie et il faut l'accepter, on ne peut pas contrôler tous ses déplacements. Elle cherche d'abord les choses que nous avons l'habitude de regarder ou qu'elle juge intéressantes (enfin... que les neurones-aimants jugent intéressantes). Elle fait un peu penser à un petit chien qui renifle partout : quand on promène son chien, lui aussi vit sa petite vie, et on peut difficilement le forcer à suivre un parcours précis. Mais cela ne veut pas dire qu'on ne peut pas le ramener d'un coup de laisse quand il part n'importe où, surtout si c'est vers la route avec les voitures. C'est la même chose avec ton abeille-regard, tu peux la ramener gentiment sur le tableau ou sur la page que tu étais en train de lire quand elle part vers la fenêtre ou la tête du voisin. **Si tu veux apprendre à rester concentré, commence par apprivoiser ton abeille !**

VA VOIR LÀ-BAS SI J'Y SUIS

Une fois que ton abeille s'est posée quelque part, tu as un objet sous les yeux et là... bing ! Tes neurones se mettent immédiatement au travail pour te rappeler tout ce que tu fais d'habitude avec cet objet : par exemple, une fermeture Éclair de trousse, ça s'ouvre et ça se ferme ! C'est comme ça qu'on se laisse parfois complètement distraire par ce qu'on a sous les yeux, **juste parce que notre abeille un peu fofolle est partie se promener.**

Quand on se met à manipuler un objet, c'est presque toujours parce qu'on vient de le regarder. Observe les gens autour de toi, ils sont sans cesse animés par ce qui attire leur regard : un enfant va se lever dès qu'un objet tombe dans la classe, parce qu'un objet qui tombe, ça se ramasse ! Un autre va se lever dix fois dans la salle d'attente pour ouvrir la porte du bureau du médecin, parce qu'une poignée de porte, ça se tourne ! (C'est arrivé, et le médecin a fini par fermer sa porte à clef.) Une télé, ça s'allume ! Un morceau de chocolat, ça se mange ! T'arrive-t-il parfois d'allumer la télé sans savoir quoi regarder, juste parce qu'elle est là, ou de manger un morceau de chocolat simplement parce qu'il est sous tes yeux, alors que tu n'as pas faim ? C'est ce qu'on appelle la force de l'habitude.

Quand on se laisse distraire, c'est souvent que notre abeille est partie faire un petit tour **comme un chien qui aurait flairé un bel os ;** elle se pose, et tous nos petits gestes automatiques se mettent en route... Et c'est comme ça qu'on se retrouve à jouer avec sa trousse, à regarder par la fenêtre ou à discuter avec quelqu'un derrière soi. Maintenant, au moins, tu sais pourquoi. Si tu veux être un bon maître pour ton abeille, tu dois savoir quand tu peux lui laisser sa petite liberté et quand tu dois la ramener avec toi.

Quand tu es trop distrait, commence par te demander ce que fait ton abeille. Est-ce qu'elle part dans tous les sens ? Qu'est-ce qu'elle cherche ? Où devrait-elle être ? Peux-tu la ramener tranquillement ? Et si tu veux t'entraîner à bien la guider, tu peux tenter l'exercice suivant : quand on utilise un objet, notre abeille décolle souvent de cet objet un peu avant qu'on ait fini de s'en servir, comme si ce n'était plus la peine de le regarder. **Essaie de bien garder ton regard sur l'objet jusqu'au**

bout, jusqu'à ce que tu ne l'aies plus dans les mains (tu peux t'entraîner en mettant la table ou en préparant ton sac de cours).

Tu connais ces jeux sur les paquets de céréales où il faut trouver le bon chemin pour aller d'un point à un autre ? Pour y arriver, ton abeille doit bien rester sur le chemin sans jamais le quitter. Si elle part faire un tour, tu n'as plus qu'à recommencer. **C'est un bon exercice pour apprendre à promener ton abeille.** Tu peux aussi t'entraîner en lisant : quand tu lis un paragraphe comme celui-ci, ton abeille doit rester sur les mots sans partir voir ailleurs, comme dans le jeu des chemins. Et si tu trouves l'image de l'abeille utile, tu peux aussi imaginer qu'elle change de taille : elle est toute petite quand tu regardes un endroit très précis, et plus grande quand tu regardes une zone plus large autour de toi. Cela t'aidera peut-être à surveiller encore mieux ce qu'elle fait.

PERCEPTION... OUPS ! ACTION...

Tout va très vite dans le cerveau : (sur un air rythmé) « Tu vois le bol sur ta droite, tu bouges les yeux pour le regarder, tu vois qu' c'est du chocolat, tu aimes bien le chocolat... Tu prends le bol dans tes mains, tu le portes à ta bouche... Tu goûtes le chocolat et tu sens qu'il est froid... Tu n'aimes pas l' chocolat froid, tu le poses, tu te lèves, tu le mets dans le micro-ondes... Tu perçois, tu agis, tu perçois, tu agis, c'est le rythme de la vie. » Conclusion : chaque perception déclenche une nouvelle action, qui à son tour nous amène à une nouvelle perception, et ainsi de suite... et **tout va très vite, si vite, que c'est étonnant qu'on se trompe aussi peu :** on applaudit une nouvelle fois notre petit cerveau d'un kilo qui fonctionne si bien !

Essaie de dire dix mots de suite, n'importe lesquels, en choisissant chacun d'eux (vas-y, je t'attends). Maintenant, lis cette phrase ou raconte n'importe quoi. Tu ne trouves pas qu'on parle plus vite quand on ne choisit pas chacun de ses mots ? Si on devait vraiment décider de ses moindres paroles ou de ses moindres gestes, on ferait tout beaucoup trop lentement. Mais du coup, comme on va vite, il arrive qu'on se trompe de mot ou qu'on fasse une erreur d'étourderie. **Ça ne veut pas dire qu'on est nul, c'est juste que nos neurones vont trop vite.** Quand ça t'arrive, tout ce que tu peux faire, c'est ralentir... et ramener ton attention là où tu veux qu'elle soit.

Tout le monde se laisse distraire, même les plus grands champions et les plus grands artistes, et ça les énerve ! Personne ne peut maîtriser parfaitement son attention et tout contrôler dans son cerveau. Par contre, rien ne t'empêche d'essayer, essayer et essayer encore, pour y parvenir de mieux en mieux !

UN OURAGAN DANS LA TÊTE

Si on résume, nous avons dans le cerveau : une radio (la petite voix), une télé (les images mentales) et même une console de jeux vidéo (puisque nous pouvons jouer sur notre écran avec des actions mentales), et nous recevons régulièrement des petits messages, des petites images, des vidéos et même des pubs (les PAM). Ça ne te rappelle rien ? Eh oui : Twitter, Facebook, YouTube, Instagram, les SMS... Le cerveau n'a pas attendu l'invention d'Internet et des téléphones portables pour trouver des moyens de se distraire, tout existait déjà dans la tête.

En plus de ça, des milliards de neurones tapis au fond de notre cerveau cherchent sans arrêt à nous obliger à réagir selon nos habitudes et à faire ce que nous aimons... et rien d'autre. Pas étonnant qu'on ait parfois du mal à se concentrer : c'est un véritable ouragan qui se déchaîne parfois pour nous faire tomber de la poutre ! Mais rassure-toi, maintenant que tu connais un peu mieux le cerveau, tu sais ce qu'il t'arrive, et tu comprends que tout le monde a les mêmes problèmes, même les adultes. La différence, c'est qu'ils ont eu plus de temps que toi pour apprendre à connaître ces forces et y résister... et nous allons maintenant voir comment.

À VOS ORDRES MAJESTÉ

Les chercheurs ne les appellent pas « neurones-chefs » (et ils n'ont pas de couronne), mais il y a bien des neurones qui, à plusieurs, gardent en mémoire ce que tu cherches à faire et ce à quoi tu dois faire attention pour y arriver. Et si tu changes d'activité, ce sont d'autres neurones voisins qui prennent le relais. Des chercheurs qui avaient appris à un singe à jouer avec un ordinateur ont même **réussi à deviner ce que cherchait à faire le singe,** en écoutant ses « neurones-chefs ». Ces neurones sont situés dans la partie du cerveau qui est juste derrière le front, et qu'on appelle donc cortex préfrontal : frontal, c'est pour faire penser au front (facile), et préfrontal, c'est parce que c'est la région la plus en avant (comme la préhistoire qui est *avant* l'histoire).

La plupart des régions du cerveau fonctionnent aussi bien chez les petits que chez les grands, comme le cortex visuel, par exemple, qui sert à voir : un enfant voit aussi bien qu'un adulte. Par contre, ce n'est pas le cas du cortex préfrontal, qui continue de grandir et de s'améliorer jusqu'à l'âge adulte. **C'est pourquoi il faut attendre 18 ans pour être majeur...** et enfin libre ! Mais cela ne t'empêche pas d'essayer d'utiliser du mieux que tu peux les neurones-chefs que tu as déjà.

C'est difficile de n'avoir vraiment aucune intention : **on est toujours un peu en train de chercher à faire quelque chose.** Quand tu marches, c'est pour aller quelque part ; quand tu parles, c'est pour exprimer quelque chose... Ça t'arrive, de ne vraiment rien chercher à faire du tout ?

Par contre, il arrive qu'on fasse quelque chose sans en avoir l'intention : quand on ne fait pas « exprès ». Quand un joueur de foot marque un but de la main, l'arbitre doit juger s'il l'a fait exprès : dans ce cas la main était intentionnelle. Si c'est le cas, il se prend un carton, parce qu'il avait bien l'intention de marquer de la main et que ses neurones-chefs étaient d'accord avec ce geste. Sinon, c'est qu'il a réagi par habitude ou par réflexe, pour se protéger par exemple. **Une intention, c'est donc quelque chose qu'on a vraiment décidé de faire.**

Imagine-toi à la fenêtre en train de regarder un ami qui cherche à venir chez toi. Si cet ami tourne tout d'un coup dans la mauvaise direction, tu verras tout de suite qu'il se trompe de chemin et tu auras envie d'ouvrir la fenêtre pour le lui dire – c'est normal. Les neurones-chefs font un peu la même chose : ils t'alertent dès qu'ils te voient faire quelque chose qui ne va pas dans le bon sens, quelque chose qui ne t'aide pas à réussir ce que tu cherches à faire (ton intention). Tu peux t'en rendre compte quand tu te trompes de mot en parlant : « Hier, j'ai vu Léa... euh, Cléa » ; tu te corriges tout de suite pour ne pas raconter à tout le monde que tu as vu Léa tenir Tom par la main. **Des neurones dans ton cerveau surveillent ce que tu es en train de dire et t'alertent dès que tu te trompes.** Quand on a une intention claire (raconter que Cléa sort avec Tom), nos neurones-chefs nous aident à choisir les bons mots ou les bons gestes pour y arriver.

Les neurones qui se souviennent de ce qu'on cherche à faire ne sont pas tout à fait les mêmes que ceux qui disent « stop » ou ceux qui réveillent les autres neurones du cerveau. Comme dans tous les royaumes, il y a des rois, des ministres, des généraux, des conseillers... mais comme ce serait un peu compliqué de décrire toute la cour en détail, on appellera tous ces neurones qui commandent « neurones-chefs »... au moins dans ce livre !

LA MINUTE PHILO

« C'est plus fort que moi ! », « je n'ai pas pu m'en empêcher » : quand on doit s'empêcher de faire quelque chose, qui doit empêcher qui ? Moi doit empêcher moi ? C'est louche... En fait, ce sont mes neurones-chefs qui auraient dû empêcher les autres neurones de faire n'importe quoi. Donc cela veut dire que « je » suis mes neurones-chefs... mais aussi mes autres neurones ? Encore plus louche.

En fait, nous sommes tous nos neurones ensemble, plus le reste du corps. Il faut l'accepter et ne pas s'étonner de faire des choses bizarres parfois ; c'est comme ça, parce que nous sommes pleins de petites choses à la fois qui ne sont pas toujours d'accord entre elles. C'est décidément très, très louche... mais pas de panique, en général ça se passe bien.

COMME UN SAC EN PLASTIQUE DANS LE VENT

En fait, les singes ont un cortex préfrontal. Le cortex préfrontal et ses neurones-chefs existent chez bien des animaux, mais ils sont beaucoup, beaucoup, beaucoup moins nombreux et efficaces que chez l'homme. Le cortex préfrontal est la partie du cerveau qui est la plus développée chez nous, **celle qui nous différencie le plus de nos amis les singes,** les chats et les hamsters. Sans lui, ce serait peut-être nous qui serions dans la cage avec une petite roue pour courir...

Les neurones-chefs fixent le cap, comme un capitaine sur un bateau. Que se passe-t-il quand le capitaine est endormi ? Le bateau part à la dérive, il se laisse entraîner par les vents et les courants, et s'échoue. **Dans le cerveau, les vents et les courants, ce sont nos habitudes, nos peurs et nos envies,** sous l'action des neurones qui s'en occupent, comme les neurones-aimants. Chez certaines personnes, les neurones-chefs sont faibles et n'ont pas d'autorité, et c'est pourquoi elles agissent de manière impulsive. Tu connais des gens impulsifs ?

Nos neurones-chefs ne sont pas toujours au meilleur de leur forme : par exemple, quand on veille tard devant des écrans, ils s'endorment... et on n'arrive plus à éteindre. Le piège, c'est qu'on a l'impression de se reposer alors que notre cerveau a besoin de sommeil. Il n'y a plus de capitaine à bord du cerveau et notre bateau doit alors être dirigé par d'autres neurones-chefs, **d'autres capitaines qui donnent les instructions depuis le port : ce sont les adultes** qui nous obligent à aller nous coucher. Les parents doivent souvent diriger les bateaux de leurs enfants à distance par radio, quand leurs capitaines sont encore un peu jeunes et s'endorment trop vite.

Parfois, on est en train de raconter quelque chose et... on s'arrête net avec l'air un peu bête : « **Désolé, j'ai oublié ce que je voulais dire.** » Cela arrive parfois de ne plus savoir ce qu'on voulait dire ou ce qu'on est venu chercher dans une pièce : « Mais qu'est-ce que je fais là, déjà ? » On est « distrait », « étourdi », « tête en l'air »... Rien de grave : les neurones-chefs qui devaient se souvenir de notre intention se sont simplement endormis.

Ce serait bien d'avoir dans la tête un petit réveil qui sonne dès que les neurones-chefs s'endorment... mais il n'y en a **pas. La conséquence, c'est qu'on peut jouer longtemps avec son téléphone avant de se rendre compte qu'on était censé finir un devoir d'histoire...** et on peut rester long-temps assis par terre à côté de la poutre avant de se rendre compte qu'on est tombé.

QUI EST LE CHEF D'ORCHESTRE ?

Le plus dur, pour les neurones-chefs, c'est de trouver les neurones qu'ils doivent réveiller (eh oui, il y en a 100 milliards !). C'est beaucoup plus facile pour eux de maintenir éveillés ceux qui sont déjà en train de travailler, parce qu'il n'y en a pas tant que ça. Il est donc plus facile de rester concentré sur une perception que l'on a déjà : si tu es en train d'écouter quelqu'un parler ou un morceau de musique, tout ce que tu as à faire, c'est maintenir ton attention sur ce son le plus longtemps possible. Pour tes neurones-chefs, cela revient à maintenir bien actifs ces neurones qui entendent. Apprendre à maintenir son attention sur une sensation, c'est un bon exercice d'attention.

ET SI ON CHANGEAIT POUR UNE FOIS ?

POURQUOI C'EST DUR : tu connais peut-être cet exercice où tu dois dire à haute voix de quelle couleur sont écrits les mots suivants (vas-y, je t'écoute) :

JAUNE VERT ROUGE BLEU NOIR BLEU...

Essaie maintenant de simplement lire ces mots les uns après les autres. Est-ce que c'est plus facile ? Si le premier exercice est plus difficile, c'est parce que tu ne dois pas lire le mot que tu as sous les yeux, et que tu dois donc faire l'inverse de ce que tu fais d'habitude. **Ce sont les neurones-chefs qui te permettent de ne pas faire ce que tu es habitué** à faire : d'habitude, quand on voit un mot écrit, on le lit, on ne dit pas de quelle couleur il est écrit. Les neurones-chefs te permettent de changer la manière dont tu réagis à ce que tu perçois... à condition de ne pas oublier la consigne.

Sans les neurones-chefs, on ne pourrait rien apprendre. Pour apprendre, tu dois répéter de nombreuses fois quelque chose dont tu n'as pas l'habitude et qui n'est pas naturel. Ce n'est pas naturel de faire les mouvements de la brasse dans l'eau, mais à force d'essayer, cela devient une habitude et tu n'as plus besoin des neurones-chefs pour te rappeler les bons gestes. C'est la même chose pour les accords de guitare ou les gammes au piano. **Apprendre demande beaucoup de concentration** parce qu'il faut garder les neurones-chefs bien actifs, jusqu'à ce que tu aies suffisamment répété pour que tes autres neurones aient appris à jouer ensemble tout seuls.

PIM !

Quand tu joues à un jeu vidéo, tu as un moyen de contrôler le personnage, par exemple une manette, et tu l'utilises pour changer ce que tu le vois faire à l'écran jusqu'à ce qu'il ait atteint son objectif. (Si, si, c'est bien ça... N'hésite pas à prendre quelques secondes pour y réfléchir.) **Quand tu es concentré, tu cherches aussi à contrôler ce qui se passe... autour de toi ou dans ta tête.** Si tu essaies de maintenir un bâton en équilibre sur la paume de ta main, tu dois contrôler la position du bâton en bougeant sans arrêt ta main (oui, c'est difficile). Tu ne quittes pas le bâton des yeux comme tu ne quittes pas ton personnage des yeux dans le jeu : il doit avoir toute ton attention... sinon tu lui ferais faire n'importe quoi (si tu regardais ailleurs, par exemple). Les PIM t'aident à être bien concentré en te rappelant : ce que tu dois surveiller (le bâton ou le personnage), comment le contrôler (en bougeant la main ou la manette) et pour quoi faire (pour garder le bâton bien droit ou pour déplacer le personnage). Si tu regardes tes lacets ou la couleur du mur devant toi, tu ne remarqueras pas quand le bâton commence à tomber : la **Perception** que tu dois favoriser, c'est bien le bâton, pas le mur. Si tu cries très fort dès qu'il penche, tu te trompes de **Manière** de réagir : c'est ta main qu'il faut bouger, pas ta langue. Et si tu regardes le bâton juste parce qu'il est joli, tu te trompes d'**Intention** : tu dois le garder droit, pas l'admirer béatement. P, I, M : **Perception**, **Intention**, **Manière** de réagir. Tes neurones-chefs adorent les PIM, parce qu'ils leur facilitent le travail ! Chaque PIM leur permet de savoir exactement quels neurones ils doivent réveiller et faire jouer ensemble, pour percevoir et agir.

AH, AH, AH

Avant même de commencer à apprendre à apprivoiser ton attention, **la première étape, c'est de reconnaître les moments où il faut être attentif...** L'image de la poutre est là pour t'aider : vais-je y arriver si je ne suis pas concentré ? (Oui, si la poutre est large.) Est-ce grave si je me laisse distraire ? (Non, si la poutre est basse.) Est-ce que je dois me concentrer longtemps ? (Non, si la poutre est courte.)

Voici quelques exemples de poutres et leurs dimensions.

- Faire un exercice de maths chez toi : poutre courte, étroite et basse (pas forcément facile, mais ce n'est pas grave si tu te déconcentres, tu n'as qu'à recommencer).
- Discuter avec des amis : poutre longue, large et basse... sauf si c'est dans un café très bruyant et que tes amis parlent une langue que tu connais à peine (poutre étroite).
- Slalomer à vélo entre les voitures (à éviter !) : poutre longue, étroite et très haute... aïe.
- Faire du vélo sur une piste cyclable : poutre longue, large et basse (si on sait faire du vélo).
- Regarder un truc idiot à la télé (et pas si intéressant) : poutre longue, très large et très basse... À ras de terre, même.
- Jouer à la queue-de-cochon (ce jeu où il faut guider un anneau autour d'un fil sans jamais le toucher) : poutre courte, très étroite et basse.
- Être pourchassé par dix zombies : long, étroit, haut (risque de se faire manger le cerveau).

Même si tu ne risques rien et que tu fais quelque chose de facile, tu peux aussi choisir d'être attentif... juste pour le plaisir : pour apprécier ton plat préféré que ta grand-mère a mis une heure à préparer par exemple, ou pour ne pas rater une seconde du nouveau film avec des petits chatons sur Internet.

As-tu parfois l'impression de plus apprécier ce que tu fais quand tu es attentif ?

OUIIIN !

Comment réveiller ses neurones-chefs ? Il y a une façon simple, qui consiste à avoir une idée très claire de ce qu'on cherche à faire. Par exemple, si tu cherches à compter les « e » dans cette phrase, tu peux imaginer la forme du « e » sur ton écran mental et ensuite regarder chaque mot l'un après l'autre (tu peux essayer). **Pour mettre la table, tu peux imaginer à quoi elle devra ressembler une fois qu'elle sera mise,** avec les assiettes, les couverts, les verres, etc. (N'hésite pas, ça fera plaisir à tout le monde.) Tu peux aussi imaginer ton livre sur ton bureau à la page de l'exercice que tu dois faire, ou bien ta chambre débarrassée de tous les vêtements qui traînent par terre, ou bien le site que tu souhaites visiter sur Internet. Cela devrait suffire à bien réveiller tes neurones-chefs, et si tu les sens un peu mous (OUIIN), tu n'as qu'à repenser à l'image ! Les neurones-chefs adorent les images mentales, car elles leur suffisent souvent à trouver par eux-mêmes une manière d'arriver au résultat que tu souhaites... à condition que ça ne soit pas trop compliqué : c'est pour cela que mieux vaut toujours avoir des intentions simples et claires.

Tu as certainement déjà joué au jeu du ni oui ni non. Ça paraît facile, mais en fait ça ne l'est pas tant que ça, surtout quand il faut répondre vite ! Pour gagner, il faut éviter de répondre comme d'habitude (« Ça va ? Oui ») : les neu-rones-chefs doivent être bien réveillés pour tout de suite bâillonner les neurones qui te font spontanément répondre « oui » et trouver une autre réponse à la place (« Tout à fait »). Plus tu dois aller vite, moins ils ont le temps de bâillonner ces neurones, et plus tu risques de te tromper, sans oublier qu'au bout d'un moment, les neurones-chefs finissent toujours par faire un petit somme : tu oublies un instant la consigne (OUIN) et tu finis par perdre... bouhhh. C'est un bon jeu pour se rendre compte à quel point les neurones-chefs s'endorment vite !

LE COMBAT DES CHEFS

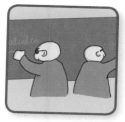 **On est souvent en train d'essayer de faire plein de trucs à la fois,** sans toujours s'en rendre compte : on veut finir l'exercice de maths, mais aussi faire un petit dessin rigolo dans la marge, répondre à un message, jouer avec une mèche de cheveux et peut-être même regarder une vidéo. Aujourd'hui, on appelle ça être « multitâche », comme un ordinateur qui fait tourner plusieurs programmes à la fois. Le problème, c'est que ça bataille dur entre les neurones-chefs. Pour l'un d'entre eux, c'est la vidéo qui est importante, mais pour un autre, ce sont les maths : plus personne dans ton cerveau ne sait ce qui est important. Du coup, tu fais attention un peu à tout et à rien, en zappant sans arrêt. Tu fais penser à quelqu'un qui essaierait de protéger cinq personnes de la pluie avec un seul parapluie... C'est gentil, mais un peu vain.

 Dans ton cerveau, tes neurones-chefs essaient tous de commander aux mêmes neurones en leur demandant des choses différentes, **comme si tu essayais de tourner ta tête vers la gauche et vers la droite en même temps...** Forcément, ça coince ! Tes neurones ne comprennent plus rien et ne savent plus à qui obéir.

Du coup, tes neurones-chefs ont l'impression qu'on ne leur obéit plus et ils râlent. Et quand un neurone-chef râle, il déclenche des alarmes dans ton cerveau pour te faire comprendre que quelque chose ne va pas : **ces alarmes servent à te crisper et à te faire réagir : « Eh oh, on se réveille ! »** Elles viennent des régions du cerveau sensibles à la douleur, au dégoût et au stress. L'objectif est de provoquer des sensations désagréables pour que tu changes d'attitude. Ces sensations peuvent être légères ou fortes, selon l'urgence et l'importance de ce que ce neurone-chef cherche à faire, mais parfois, c'est carrément la panique !

Tu comprends le problème ? Quand tu essaies de faire plusieurs choses à la fois, il y a toujours un neurone-chef mécontent et c'est crispant. Que faire dans ce cas-là ? La première solution, c'est d'endormir ce maudit neurone-chef en laissant tomber l'exercice de maths pour regarder la télé, mais c'est dommage s'il faisait bien son travail : **réveiller un neurone-chef, c'est souvent long et compliqué,** et il doit à son tour retrouver tous les neurones dont il avait besoin et les rallumer un par un. Tu t'en rends bien compte quand tu dois relire et comprendre à nouveau l'énoncé que tu avais oublié : tu gaspilles ton temps et ton énergie. L'autre solution (la bonne), c'est de ne réveiller qu'un neurone-chef à la fois, en arrêtant d'essayer de tout faire en même temps. Et pourquoi ne pas commencer par ce petit neurone matheux, justement ?

DÉCOUPER SELON LES POINTILLÉS

Faire plusieurs choses compliquées à la fois, **c'est comme essayer de préparer deux gâteaux différents en même temps :** on a l'impression d'aller plus vite, mais c'est plus fatigant et pas forcément plus facile. Quand tu n'arrives plus à te concentrer, demande-toi toujours si tu n'es pas en train d'essayer de « préparer deux gâteaux à la fois ».

C'est facile de comprendre qu'on ne peut pas écouter deux personnes en même temps. (N'hésite pas à faire l'expérience en demandant à deux amis de te raconter deux histoires, une à chaque oreille.) Oui, mais **parfois, on essaie de faire plusieurs choses à la fois sans vraiment s'en rendre compte.** Voilà plusieurs exemples assez fréquents que tu as peut-être vécus :

- Lire une histoire à voix haute pour que tout le monde entende bien (et quand même essayer de comprendre de quoi il s'agit). Problème : soit on ne retient rien de ce qu'on lit, soit on baisse la voix dès qu'on essaie de comprendre. Solution : tant pis si tu ne comprends rien à l'histoire, tu la reliras une deuxième fois dans ton coin.
- Continuer d'écouter tout en essayant de ne pas oublier une question qu'on veut absolument poser. Problème : soit on oublie sa question, soit on cesse d'écouter. Solution : note rapidement un mot qui te rappellera ta question, puis écoute à nouveau.
- Relire un texte que tu as écrit. Pas de problème en principe, sauf si tu essaies de chercher les fautes d'orthographe et en même temps de voir si ton texte est bien écrit. La solution : une première relecture uniquement pour le style, suivie d'une deuxième uniquement pour l'orthographe, en commençant même par la fin pour être sûr de ne pas chercher à comprendre.
- Faire un exposé (ou jouer de la musique) en surveillant la réaction des gens qui te regardent (pour voir ce qu'ils pensent de toi). Problème : tu te mets à penser à toi au lieu de penser à ce que tu as à dire, et tu commences à bafouiller... ou pire, tu rougis. Solution : fais ton exposé, joue ton morceau et demande-toi après si tu étais ridicule.
- Lire un livre en se répétant sans arrêt que c'est mortellement ennuyeux. Solution : lire le livre, puis se demander ensuite s'il était mortellement ennuyeux... C'est pareil pour les cours.
- Faire une figure de patin à glace en se demandant ce qui se passera si on tombe. Solution : fais ta figure, tombe (ou non), et vois ensuite ce qui se passe.

En fait... on peut faire plusieurs choses à la fois, bien sûr, comme parler en faisant du vélo... Pourquoi ? Parce qu'à force de faire du vélo, tu as créé des petites équipes de neurones qui savent se débrouiller tout seuls, sans l'aide des neurones-chefs ou presque... Tu n'as plus à te souvenir de « ce qu'il faut faire quand tu commences à tomber », c'est devenu automatique. Donc **OK pour faire plusieurs choses à la fois à condition qu'une seule d'entre elles ait besoin d'un neurone-chef.** Tout ce que tu fais en plus doit être automatique : bouger tes jambes quand tu marches, boire un verre d'eau, tourner la tête quand quelqu'un t'appelle (mais pas tout en même temps...). Donc, OOOOOK... Tu peux travailler en musique, ou faire des petits dessins dans la marge en écoutant un cours, mais à condition de n'y accorder qu'un minimum d'attention. Si tu fais attention aux paroles de la chanson, c'est cuit (parce qu'il faut réveiller deux neurones-chefs en même temps).

Justement, en sport ou en musique, on voit les meilleurs faire plein de choses compliquées en même temps. Comment font-ils ? Leur secret, c'est la répétition : ils ont beaucoup répété leurs gestes pour acquérir des habitudes qui leur permettent de bien réagir sans faire vraiment attention. Toi aussi, tu t'entraînes à écrire pour qu'au bout d'un moment, tu puisses écrire et écouter en même temps, parce qu'écrire sera devenu automatique. **À toi de voir si, dans les activités que tu aimes bien, tu dois parfois faire attention à plusieurs choses à la fois.** Ça marche ou ça coince ?

MINIMOI ET MAXIMOI

Quand maximoi donne des missions à minimoi, il utilise un petit sablier pour lui indiquer le temps qu'il faut pour y arriver. C'est très utile d'avoir un sablier : tant que le sable s'écoule, tu sais que tu n'as rien d'autre à faire que ta petite mission : tu n'as pas à te soucier du reste. Tu peux aussi utiliser un minuteur. Il n'est pas là pour te stresser, mais simplement pour te rassurer : **tu peux vraiment oublier tous tes soucis le temps de ta mission ;** plus rien d'autre ne compte (et rien ne t'empêche de mettre un sablier un peu plus gros si tu ne veux pas avoir à courir).

Si tu dois aller à la boulangerie, il est très clair qu'en sortant de chez toi, il faut aller à gauche et pas à droite (ou l'inverse). Mais si tu dois aller à Moscou à pied, tu passes par où ? C'est moins clair, parce qu'il y a de nombreux chemins pour y aller qui sont tous aussi épouvantablement longs. C'est pareil pour les intentions : il y a des intentions claires et immédiates, et d'autres beaucoup plus compliquées. « Prendre toutes les assiettes qui sont sur la table et les ranger dans le lave-vaisselle », c'est une intention claire, et tes neurones-chefs sauront bien t'alerter si tu ranges une assiette sale dans le placard. Par contre, « avoir plein d'amis », c'est une intention compliquée. C'est bien une intention, quelque chose que tu aimerais bien faire ou avoir, mais tes neurones-chefs sont un peu perdus parce que ce n'est pas forcément évident pour eux de voir ce qu'il faut faire, là, tout de suite, pour y parvenir. **Tes neurones-chefs sont surtout efficaces quand ton intention est très claire et très simple,** parce qu'ils voient très bien si ce que tu es en train de faire est utile ou non.

PAM... DISTRAIT !

Tu préfères faire les choses les unes après les autres ou faire tout à la fois ? Dans le paragraphe suivant, commence par compter à la fois, le nombre de « e », de « s » et de « t ». Reviens ici quand tu auras les trois nombres. C'était difficile ? Oui, **ça peut vite être horrible.** Maintenant, recommence en comptant d'abord tous les « e », puis tous les « s », puis tous les « t ». Ça va mieux ? En principe, c'est plus rapide et plus agréable, parce que tu n'essaies pas d'utiliser trois neurones-chefs en même temps.

Si tu mets de l'huile et de l'eau dans un verre, tu verras que les deux liquides ne se mélangent pas bien. L'huile fait des petites bulles au milieu de l'eau (tu peux faire l'expérience). Quand tu essaies de faire deux choses à la fois qui demandent chacune un neurone-chef, ton cerveau n'arrive pas à les mélanger. Il se fabrique alors des petites bulles de quelques secondes où il fait seulement l'une, puis seulement l'autre, puis à nouveau la première, etc. Il zappe en favorisant un neurone-chef à la fois. Le zapping, c'est la réaction naturelle du cerveau quand on lui propose plusieurs choses en même temps qui demandent toutes de l'attention.

Un SPAM, c'est un message publicitaire qui nous invite à acheter quelque chose ou à donner de l'argent à quelqu'un. Un PAM, c'est un message que t'envoie ton cerveau pour que tu **Passes à Autre chose qui a l'air Mieux** que ce que tu es en train de faire ! **Les PAM, ce sont les pubs du cerveau.** Les pubs nous proposent d'acheter des objets, les PAM nous proposent d'aller faire quelque chose... Ils nous proposent de Passer à Autre chose qui a l'air Mieux (ou plus important) que ce que nous sommes en train de faire : PAM. Quelqu'un te parle et tu as tout d'un coup envie de regarder ton téléphone ou de jouer : PAM. Tu fais un exercice et tu as tout d'un coup envie de passer au suivant : PAM. Ce que tu peux faire, c'est remarquer qu'il s'agit d'un PAM en l'appelant par son nom : « PAM » et faire une toute petite pause pour décider si tu veux vraiment obéir. **PAM-pause !** On n'est pas obligé de répondre à ses SPAM, et toi tu n'es pas obligé de répondre à tes PAM.

JE SUIS UNE ÉQUIPE

Un golfeur ne cherche (presque) jamais à mettre sa balle directement dans le trou depuis le départ. Il calcule comment y arriver en jouant plusieurs coups plus courts et plus faciles pour se rapprocher du trou au fur et à mesure. Maximoi fait pareil, en réfléchissant au nombre de minimissions qu'il faut réussir pour atteindre l'objectif et chaque minimoi joue un coup. Au golf, on parle de « par 5 » pour désigner un trou qu'il faut atteindre en cinq coups. À ton avis, préparer son sac, c'est un « par 3 » ou un « par 25 » pour maximoi ? **Entraîne-toi à réfléchir comme un golfeur** en calculant le nombre de coups dont tu as besoin pour réussir tes grandes missions.

À un moment, maximoi doit s'arrêter de découper les missions en missions plus simples pour minimoi, parce que « déboucher une bouteille » ou « poser une assiette sur la table », c'est évident. Mais tout dépend de ton âge et de ce que tu sais faire. **C'est comme avec un steak, les petits ont besoin qu'on leur coupe en toutes petites bouchées,** alors que les grands peuvent avaler de gros morceaux d'un seul coup. Si tu sais regonfler le pneu d'un vélo, c'est un peu pénible de se donner comme minimission de : « trouver le bouchon » + « le dévisser » + « installer le bout de la pompe sur la valve » +... Comme c'est un peu pénible pour quelqu'un qui a une bonne orthographe de chercher d'abord ses fautes d'accords, puis ses fautes de conjugaison... Pour ce que nous savons faire presque sans réfléchir, notre minimoi apprend à remplir des missions de plus en plus compliquées. Quand tu vois exactement comment accomplir une mission, ton maximoi n'a pas besoin de la découper davantage : il peut la confier à minimoi.

Apprendre à découper en minimissions, **c'est aussi une bonne façon d'apprendre à travailler en équipe :** il suffit que chacun joue le rôle d'un minimoi pour arriver au résultat tous ensemble. D'après toi, combien faut-il de minimoi pour que tu aies a) une baguette de pain toute chaude devant toi ? b) une chambre bien rangée ? c) une tarte aux pommes sur la table ? d) tes affaires pour le lendemain prêtes dans le couloir ? e) une page de texte sous tes yeux qui racontent tes vacances ? f) le dessin en couleur d'une île du Pacifique collé au mur ?

UNE SUITE DE PETITES VICTOIRES

 La meilleure façon de réveiller les neurones-chefs, c'est vraiment d'**utiliser son écran mental pour bien voir ce qu'on cherche à faire :** le cahier de texte sur la table ouvert à la page du lundi ou la douche prise. Mais cela peut être aussi une sensation auditive : le bruit du dérapage que tu veux faire à vélo par exemple.

 Rentre dans ta chambre et imagine que **tu vas tourner une scène** où tu dois la ranger. D'abord, tu es le réalisateur : comment sera la scène ? Combien de temps va-t-elle durer ? Que va faire l'acteur ? Ensuite, tu es l'acteur : ça tourne, à toi de jouer la scène ! À toi de voir comment tu peux appliquer cette technique à d'autres activités au cours desquelles ton attention se perd facilement.

 Parfois, il suffit d'imaginer un personnage ou une situation pour clarifier encore ton intention. En relisant un texte que tu as écrit, **tu peux imaginer être un chercheur d'or qui recherche minutieusement des pépites :** les fautes d'orthographe ! (N'hésite pas, il n'y a pas de honte et personne ne le saura.) Tu peux aussi imaginer que c'est quelqu'un qui te raconte une histoire et que tu dois l'arrêter dès qu'il parle bizarrement : cela voudra dire que ta phrase n'est pas très bien écrite. Ranger un jeu sur la table ? Les sacs de pions ont faim et il faut les nourrir. Passer l'aspirateur ? Tu es un monstre affamé qui se nourrit de poussières : aucune ne t'échappera ! On t'explique quelque chose ? Imagine que tu devras le réexpliquer juste après à un ami en retard. Tous ces petits trucs aident à concentrer toute son énergie sur une seule activité. À toi d'imaginer tout ce qui peut aider tes neurones-chefs à voir très clairement ce qu'il faut faire.

 **C'est assez futé de penser à se féliciter après chaque mission,** parce que les neurones-aimants aiment bien quand on réussit ce qu'on fait. C'est comme gagner à un jeu, c'est agréable ! Au fur et à mesure des petites missions réussies, de plus en plus de neurones-aimants vont t'encourager à rester concentré, pour retrouver cette sensation agréable. Et pourquoi ne pas te récompenser pour de bon ? À chaque mission accomplie, une petite pause (petite quand même... pas une heure). Et pourquoi ne pas inventer un système de points ? 1 mission = 1 point. 10 points

= 1 heure de détente pour faire une activité que tu aimes bien, ou dix minutes, ou dix heures... À toi de voir, avec modération.

Tu cherches à faire quelque chose, mais tu ne vois pas bien par quoi commencer pour y arriver ? Maximoi a encore du travail ! Il doit réfléchir à une première mission plus simple pour minimoi. **Maximoi (toi) a bien travaillé quand minimoi (toi, juste après) voit parfaitement ce qu'il faut faire et comment le faire.**

(P)OUCE + (I)NDEX + (M)AJEUR = PIM

Chaque activité a **son PIM, c'est le mode d'emploi qui explique aux neurones-chefs comment rester concentré.** Mais ça ne sert à rien de regarder le mode d'emploi quand on sait parfaitement se servir d'un appareil. Donc ça ne sert à rien de chercher un PIM pour ce que tu sais faire parfaitement, ou s'il n'y a aucun risque si tu rates. Les PIM sont surtout utiles quand la poutre à traverser est étroite (ou haute).

Tu te souviens des actions mentales ? **La manière d'agir, ça peut être d'utiliser sa tête plutôt que son corps.** Si tu dois donner le nom de dix animaux qui vivent en Afrique (c'est ton **Intention**, ce que tu cherches à faire), tu peux t'imaginer dans la savane (c'est ta **Manière** d'agir) et nommer tous les animaux que tu vois sur ton écran mental (c'est ta **Perception**). Si tu dois additionner 23 et 47, tu peux aussi dessiner sur ton écran mental... et si tu regardes fixement les nombres 23 et 47 sans qu'il ne se passe rien dans ta tête, c'est que tes neurones-chefs n'ont pas trouvé les neurones qui doivent les aider. Tu as besoin d'un PIM.

Voici un premier exemple de PIM, pour séparer le blanc du jaune (et préparer un gâteau) : P : le jaune. I : garder le jaune bien entier dans la coquille en laissant couler le blanc. M : écarter délicatement avec le bout des doigts les deux morceaux de coquille l'un de l'autre. Cela peut sembler idiot, mais ce PIM répond enfin à la question de l'enfant qui vient de crever dix jaunes de suite et à qui on vient de crier de se concentrer : « **Ça veut dire quoi, être concentré ?** » C'est ça, être concentré quand on casse des œufs, c'est ce PIM-là, précisément.

Même quand on sait exactement comment séparer le blanc du jaune, ce n'est pas pour ça qu'on va y penser à chaque fois. On peut facilement se tromper de P, de I ou de M. Regarder la farine dans le récipient au lieu du jaune d'œuf (mauvais P), parler au lieu de faire attention au mouvement de ses doigts (mauvais M), ou oublier un instant qu'on ne doit pas crever le jaune (mauvais I). **Les PIM servent à te rappeler rapidement ce qu'il faut faire pour être concentré.**

Voilà d'autres exemples de PIM utiles. Ce ne sont que des propositions, à toi d'en trouver d'autres que tu trouves plus utiles :
- *Écouter une histoire.* P : la voix de la personne qui parle, bien sûr. I : être capable de raconter à la fin ce qui se passe dans l'histoire. M : utiliser son petit écran mental pour afficher les images principales de ce qui est raconté : « Je me promenais devant la bibliothèque quand tout à coup... »

- *Apprendre une liste de mots (et leur orthographe)* : je pose mon abeille sur le mot pour bien le regarder (P), puis je ferme les yeux et je dessine sur mon écran mental les lettres que je viens de voir (M), comme si j'avais pris une photo. Mon Intention, c'est d'avoir l'image la plus nette possible sur mon écran.
- *Apprendre une liste de mots en anglais et leur traduction* : je pose mon abeille sur le mot en français et sur sa traduction (P), puis je ferme les yeux et je dessine sur mon écran le mot écrit en anglais (M) et naturellement, je vais aussi le prononcer dans ma tête. Je peux aussi utiliser seulement ma petite voix pour me prononcer le mot anglais, sans utiliser mon écran, mais attention aux fautes d'orthographe plus tard !
- *Compter le nombre de « e » dans cette phrase.* P : toutes les lettres, avec l'abeille qui se déplace en ligne droite tout au long de la phrase. I : être capable de donner le bon nombre de « e » quand l'abeille a fini son petit tour. M : réagir avec sa petite voix dès que l'abeille voit un « e », en prononçant dans sa tête le nombre suivant : « Un... deux... trois... » L'exercice te paraît bizarre ? Sache que les psychologues mesurent la concentration avec un test qui ressemble à celui-là : il faut trouver des cloches parmi tout un ensemble d'objets. Il suffit de remplacer le M du PIM qu'on vient de voir par un coup de stylo pour barrer chaque cloche sur laquelle se pose ton abeille, au lieu d'utiliser ta petite voix, et le tour est joué, tu as un super score ! Tu as un PIM pour ce test, qui permet de savoir si tu sais bien promener ton abeille, sans la laisser filer.

Et voici maintenant des exemples de PIM totalement inutiles :
- *Se ronger les ongles.* P : la sensation de l'ongle entre tes dents. I : découper soigneusement le bout de l'ongle jusqu'à ce qu'il se détache. M : croquer délicatement (beurk). Ça fait bizarre de se ronger les ongles avec attention, non ?
- *Boire du chocolat.* P : le goût du chocolat qui coule dans la bouche. I : savourer ! M : incliner doucement le bol avec les mains pour verser le chocolat. Bien sûr, ça ne sert à rien, mais compare-le avec cet autre PIM pour la même activité : P : les images qui bougent sur la télé à l'autre bout de la pièce. I : rien. M : garder la tête fixe en direction de l'écran. Désolé pour la tache sur le pull... et oui, oui, c'est bien toi qui as fini ton bol de chocolat.

PIM, ÇA RIME AVEC FRIME

 Pour toutes les choses que tu dois faire et qui demandent de l'attention, tu peux réfléchir au PIM dont tu as besoin. **Puisque être concentré, c'est être connecté, le PIM te montre la prise sur laquelle tu dois te brancher.** Mais pour cela, tu dois savoir ce que tu dois **Percevoir**, quelles sont ton **Intention** et la **Manière** dont tu dois agir avec ton corps ou ta tête. Tu peux t'aider des questions suivantes :

- La **Perception** d'abord : qu'est-ce que tu dois vraiment regarder, entendre ou sentir ? Est-ce que c'est quelque chose que d'autres peuvent voir ou entendre, ou est-ce que c'est quelque chose dans ton corps ou ta tête ? Ta petite voix ? Ton écran mental ? **Où doit se poser ton abeille, précisément ?** Doit-elle y rester, ou se déplacer ? Avec ces questions, tu peux peut-être trouver ce que tu dois **Percevoir** en priorité. Ça ne veut pas dire que tu ne verras ou que tu n'entendras rien d'autre, mais c'est ce à quoi tu dois faire attention. Et si tu penses qu'il faut faire attention à plusieurs choses à la fois, c'est peut-être que tu dois redécouper ta mission en morceaux plus petits (tout petits !), qui ont chacun leur PIM.
- Ton **Intention** ensuite : que cherches-tu à faire, là, tout de suite ? **Tu seras content si... quoi ?** Qu'est-ce qui doit se passer si tout se passe bien ? Est-ce que tu peux t'en faire une image ? Qu'est-ce que tu auras sous les yeux devant toi quand tout sera fini ? Qu'est-ce que tu seras capable de faire : raconter ce que tu as vu ou entendu, expliquer ce qu'on vient de te décrire ? Si tu devais demander à quelqu'un d'autre de le faire, comment saurais-tu s'il a réussi ?
- Ta **Manière** d'agir enfin : comment dois-tu réagir à ce que tu **Perçois** ? Que doit-il se passer ? Est-ce que tu dois bouger une partie de ton corps ? Pour faire quel geste ? Est-ce que tu dois faire une action mentale, que personne ne peut voir à part toi ? **Tu dois faire attention à bien faire quoi ?** Est-ce que tu dois dessiner sur ton écran mental, ou changer le dessin ? Est-ce que tu dois prononcer quelque chose dans ta tête avec ta petite voix ? Est-ce que tu dois déplacer ton attention, ou la ramener à un endroit précis ? Si tu utilises ton abeille, que doit-il se passer dans ta tête ou ton corps une fois qu'elle est posée ? Tu remarqueras qu'en classe, c'est souvent avec ta tête que tu dois agir, parce que les activités scolaires sont très souvent in-tel-lec-tu-elles.

Pour finir, n'oublie pas que c'est ton PIM à toi, celui qui te convient. D'autres auront peut-être besoin d'un autre PIM. Par exemple, pour tenir le bâton en équilibre sur la paume de ta main, tu préfères peut-être regarder le bâton, mais quelqu'un d'autre préférera peut-être sentir le contact du bâton sur sa paume. Cela ne veut pas dire qu'il ne regardera pas du tout le bâton, mais simplement qu'il fera *surtout* attention au contact sur sa main. Vous n'avez pas le même P. **Mais rien n'empêche d'essayer le PIM des autres,** juste pour voir s'il peut te convenir.

Les PIM sont aussi très utiles quand tu dois passer rapidement d'une chose à une autre, quand tout à coup, tu dois faire un smash au tennis ou un 360 en trottinette, ou chanter une chanson, parce que **le PIM te dit tout de suite ce à quoi tu dois faire attention et comment te connecter.** Et quand tu es interrompu, ils te permettent de rapidement te reconnecter : avec le PIM qui sert à écouter des histoires, tu peux tout de suite te reconcentrer si tu as été distrait une minute. Tes neurones-chefs savent tout de suite qui ils doivent réveiller.

Si tu deviens le maître des PIM, tu pourras vraiment faire plusieurs choses en même temps (ou presque) en étant à chaque fois concentré et efficace. Parce que même si ton cerveau ne peut tirer qu'une seule flèche d'attention à la fois, **rien ne l'empêche de tirer plusieurs flèches l'une après l'autre vers des cibles différentes...** À condition que tes neurones-chefs sachent à chaque fois trouver rapidement ta nouvelle cible. Ce n'est possible qu'avec un PIM précis pour chacune des activités que tu enchaînes.

Est-ce que tu vas devoir apprendre par cœur mille PIM ? Heureusement non, parce que tu ne fais pas mille choses différentes qui demandent de l'attention. Lire, écouter, prendre des notes, apprendre par cœur, passer le ballon, apprendre des accords... **Tu répètes souvent les mêmes activités, et tu retrouveras donc souvent les mêmes PIM.**

TRANQUILLE, ÉMILE

 Certains utilisent aussi des PIM pour des choses faciles et pas dangereuses, juste pour s'entraîner. **Cela s'appelle « faire de la méditation ».** De plus en plus de gens méditent pour être moins stressés ou plus attentifs, tu en connais peut-être. Voici un PIM de méditation que tu peux essayer :

P : la sensation de l'air qui glisse dans tes narines quand tu respires. M : ramener doucement ton attention sur cette sensation dès que tu te rends compte qu'elle est partie ailleurs (par exemple sur une pensée)... et, ah oui, I : perdre de vue ta respiration le moins souvent possible. Ici, M est une action mentale : déplacer ton attention. Si tu remplaces le P de ce PIM par un autre, en favorisant par exemple les sensations de ton corps plutôt que ta respiration, cela donne une autre forme de méditation. **C'est juste ça la méditation : des PIM pour s'habituer à rester attentif et présent à ce que tu fais.**

 **Personne ne te demande d'être très attentif tout le temps.** Tu dois juste apprendre à reconnaître les moments où tu dois l'être et savoir te concentrer dès que tu en as besoin. Garde les PIM et les minimoi pour les poutres étroites ou hautes et les A rouges. Le reste du temps, fais comme d'habitude si ça marche !

IMPBZZZBLE DdzzzME CObzzzNTRER... QUE FAI Rbzzz ?

C'est dur de ne pas faire de fausse note au piano quand quelqu'un chante n'importe quoi à côté : **on sait bien qu'il ne faut pas écouter, mais c'est plus fort que soi.** Un bon PIM bien clair ne garantit pas absolument qu'on va rester concentré. C'est pourquoi il te faut un autre outil dans ton sac de pro de l'attention, que tu vas découvrir plus loin avec le mot RAPPEL.

LE GRAND RETOUR DE PINOCCHIO

Fait quelques pas chez toi et regarde autour de toi. Que fait ton abeille ? Où se pose-t-elle ? Essaie maintenant de marcher en la laissant sur un petit endroit loin devant toi. Si tu sens qu'elle a envie de décoller, c'est que ton attention a bougé. **Quand tu as envie de regarder quelque part, c'est toujours parce que ton attention est déjà partie là-bas.**

Dans ton cerveau, les neurones qui servent à déplacer ton regard, grâce aux muscles des yeux, sont à côté de ceux qui déplacent ton attention, ce qui est pratique parce que tu vas souvent regarder ce qui attire ton attention. Mais ce ne sont pas tout à fait les mêmes neurones, et c'est pour cette raison que tu peux faire attention sur le côté même en regardant droit devant toi. Tu peux essayer si tu veux, en gardant les yeux sur cette page tout en remuant les doigts de ta main gauche, sur la table ou loin sur ta gauche : peux-tu faire attention à tes doigts sans bouger les yeux ? **C'est ce qu'on appelle « regarder du coin de l'œil »,** c'est très pratique pour surveiller ce que fait ton voisin sans qu'il s'en rende compte.

Tu connais le bonneteau, ce jeu où trois gobelets identiques sont retournés devant toi, avec un petit objet caché sous l'un d'eux ? Quelqu'un change plusieurs fois la position des gobelets et tu dois retrouver où est caché l'objet. C'est amusant et pas si facile, parce que ton abeille doit bien suivre le gobelet avec l'objet, sans se perdre en route. Mais tu peux réussir même si tu laisses ton abeille au milieu de la table, en suivant le gobelet avec ton attention. C'est ça, déplacer son attention ! Avec l'habitude, à force d'utiliser RAPPEL, tu pourras sentir quand ton attention bouge, avant même ton regard. **Tu seras alors un vrai pro de l'attention.**

Le meilleur endroit pour ressentir toutes ces forces qui agissent sur les yeux et le corps, c'est vraiment dans un magasin, surtout s'il vend des choses que tu aimes bien. Tu pourras constater par toi-même ce qu'est le **Mode Marionnette**.

JE SENS QUE JE VAIS TOMBER

Pour être bien attentif, la première chose, c'est de savoir où tu vas et donc d'avoir une intention claire. Si tu ne vois même pas la poutre que tu veux traverser... ça va être compliqué. C'est le travail de maximoi qui doit confier une petite mission claire, courte et concrète à minimoi : une mission, une poutre. Une fois sur la poutre, tu dois savoir comment placer tes pieds : qu'est-ce qu'il faut faire, concrètement, pour avancer ? C'est là que servent **les PIM, qui te disent exactement ce qu'il faut faire pour être bien concentré sur ta mission.** Mais il peut y avoir du vent qui te pousse de côté, des distractions très fortes, et c'est là que tu as besoin d'un bon sens de l'équilibre attentionnel, pour remarquer très tôt quand tu commences à tomber (c'est-à-dire à être distrait) et très vite rétablir l'équilibre (c'est-à-dire te reconcentrer). Avec toutes ces techniques, tu as tout ce qu'il faut pour traverser toutes les poutres que tu rencontres. À toi de voir maintenant quand tu en as besoin... Après tout, toutes les poutres ne sont pas hautes et étroites !

ELASTIC-MAN

E comme un **Élastique** qui s'**Étire**, ou comme la trompe de l'**Éléphant** en **Extension** vers sa cacahuète... L'éléphant et sa cacahuète, l'abeille et sa fleur, le chien et son os, tu vois le point commun entre ces trois images ?

C'EST MOI QUI DÉCIDE ! (PAS LA CACAHUÈTE)

 Ta main cherche ton téléphone dans ta poche alors que tu es tranquillement en train de parler à quelqu'un, juste parce que tu as eu une petite PAM qui t'a dit : « Et si je regardais mes messages ? » Tu écoutes et tout à coup ta tête se tourne vers ton voisin, tu viens de penser à quelque chose de marrant et il faut absolument que tu lui dises. Est-ce que cela t'arrive souvent que ton corps se mette à bouger parce que tu as pensé à un truc ? **PAM, mon corps s'étire et part,** PAM, mon corps s'étire et part. C'est toujours la même histoire. Cela fait penser au coup de pistolet au départ d'un 100 mètres. Mais tu n'es pas obligé de démarrer à chaque fois, tu es libre de rester assis si tu veux ! Entraîne-toi à vraiment dé-ci-der.

RAPPEL : ON PEUT SE FAIRE MAL EN TOMBANT

 Eh oui, il est parfois difficile de ne pas écouter… Quand quelqu'un parle fort à la table d'à côté, ce qui demande un effort, c'est plutôt de ne pas écouter. Et il est difficile de ne pas lire un mot quand on l'a sous les yeux : COUCOU ! Une fois que l'attention s'est posée, il y a beaucoup de choses que le cerveau fait tout seul, sans effort, comme lire ou écouter. Si c'est justement ce que tu souhaites faire, il n'y a qu'à laisser faire. **Laisse-toi lire, laisse-toi écouter !**

Pour tenir sur une poutre, sur des skis ou **sur une planche de surf, tu n'as pas besoin d'être crispé.** Ce sont les débutants qui sont crispés, ceux qui maîtrisent sont détendus. De la même façon, tu n'as pas besoin d'être crispé pour être concentré, et surtout pas de froncer les sourcils ! Ce n'est pas forcément fatigant d'être attentif, comme ce n'est pas forcément fatigant de rester debout, demande à un coiffeur ! Ce qui est fatigant, c'est de se relever quand on tombe, et de lutter pour rester connecté.

 Quand on fait du vélo ou du ski, ou quand on marche sur une poutre, il faut réagir vite pour ne pas tomber. On n'a pas le temps de réfléchir. On doit tout de suite sentir quand on perd l'équilibre pour immédiatement corriger sa position. C'est pareil pour rester concentré. Encore faut-il remarquer quand on se laisse distraire, et le plus tôt possible ! Et comme sur une poutre, c'est ton corps qui va te le dire : il va partir en avant ou sur le côté à la moindre distraction. Tu te souviens pourquoi ? Les lettres de RAPPEL sont là pour te rappeler ce qu'il faut surveiller pour tout de suite remarquer que tu te déconcentres. La première à partir, c'est l'abeille-regard, qui peut entraîner tout le corps, mais tes mains peuvent aussi bouger pour attraper un objet et tes jambes peuvent partir pour obéir à un PAM. Avec l'habitude, tu finiras même par remarquer quand tu te prépares à bouger, et là, ce sera gagné : **tu auras vraiment acquis un bon sens de l'équilibre attentionnel, comme un funambule** qui remarque qu'il est en train de perdre l'équilibre avant même de commencer à tomber.

Pour un tout-petit, c'est souvent plus facile de marcher à quatre pattes, surtout pour ramasser les jouets par terre. Mais quand il a 3 ans, tu as envie qu'il apprenne à marcher, parce que tu sais que c'est lent et fatigant de ramper et qu'à son âge, **on a l'air un peu attardé si on ne sait toujours pas se tenir debout.** À ton âge, c'est quand on ne tient pas son attention debout qu'on peut aussi avoir l'air un peu... disons... attardé... En tout cas auprès des adultes qui savent bien qu'on va plus vite et qu'on se fatigue moins quand on sait se concentrer.

À chaque problème sa solution

« *Bons résultats. Avec plus de concentration,
vous pourrez aller encore plus loin.* »
Bulletin scolaire d'Alexis, élève de 4e

Pour avancer sur une poutre sans tomber, le truc, c'est de regarder droit devant toi en ressentant bien dès que tu perds l'équilibre pour pouvoir tout de suite te remettre bien droit. Pour rester concentré, le truc, c'est de voir clairement ce que tu cherches à faire et là où tu veux aller, en remarquant dès que tu te laisses distraire pour tout de suite ramener ton attention là où elle était juste avant.

Avec ce livre, j'espère que tu auras moins de difficultés pour être attentif et que tu comprendras mieux ce qu'on attend de toi quand on te demande de te « concentrer ». En relisant ces pages, tu devrais pouvoir trouver des pistes pour mieux maîtriser ton attention, apprendre à te « connecter » et prendre plus de plaisir à ce que tu fais. En attendant, voici quelques exemples de problèmes que beaucoup de gens rencontrent et qui illustrent comment utiliser les outils décrits dans ce livre.

« JE N'ARRIVE PAS À RESTER CONCENTRÉ LONGTEMPS. »

Avec maximoi, commence par te définir des minimissions, c'est-à-dire des missions courtes (quelques minutes ; tu peux d'ailleurs t'aider d'un minuteur), en prenant bien le temps de faire une petite pause après chaque minimission réussie. Au fur et à mesure, tu arriveras à enchaîner de plus en plus de minimissions, **comme un jogger qui**

débute le footing et qui essaie d'abord de courir 500 mètres, puis 1 kilomètre, puis 2 kilomètres, etc.

« JE N'ARRIVE PAS À ME MOTIVER. »

Commence par vérifier que tu sais exactement ce que tu dois faire. As-tu préparé des minimissions simples pour minimoi ? Est-ce que tu vois bien ce qu'il va devoir faire ? Contente-toi au début de simplement faire la liste de ces missions, **comme si quelqu'un d'autre allait les faire à ta place...** Tu n'es que maximoi pour l'instant ! Combien de temps, à peu près, te faudra-t-il pour chacune d'entre elles ? Une fois que c'est fait, tu n'as plus qu'à envoyer tes minimoi un par un, sans réfléchir... En utilisant si tu peux un minuteur pour chaque minimission.

« JE ME LAISSE FACILEMENT DISTRAIRE, ET JE METS DES HEURES POUR FAIRE DES CHOSES SIMPLES : JE ME METS À DESSINER, À LIRE... »

Là encore, n'hésite pas à utiliser un minuteur, sans te stresser et juste pour te donner un petit rendez-vous avec toi-même : « Dans cinq minutes, j'aurai terminé, normalement. » Si tu veux dessiner ou feuilleter le livre qui est à côté de toi, pas de problème, mais ce sera ta prochaine minimission. Tu demanderas à un minimoi de le faire, en lui disant bien pendant combien de temps il peut lire ou dessiner. **C'est comme quand un enfant colorie un dessin :** il fait attention à bien colorier les cheveux en marron sans déborder sur le ciel bleu qui est derrière. Quand tu t'arrêtes au milieu d'une minimission pour lire ou dessiner, tu débordes : tu fais n'importe quoi, n'importe quand, comme si l'enfant mettait n'importe quelle couleur n'importe où, et du coup... eh ben c'est moche.

« JE ME DIS QUE JE DOIS FAIRE MES DEVOIRS, MAIS JE ME LAISSE DISTRAIRE PAR DES JEUX ET J'OUBLIE. »

Contre les PAM, il y a la POM : la **Promesse d'Obéir à Moi-même.** Tu te promets que tu feras tes devoirs à 16 heures (ou à 17 heures, ou à 18 heures...). Tu peux essayer ce truc et voir si ça marche pour toi. Quand l'heure arrive, personne ne t'oblige à faire tes devoirs à part toi : c'est toi qu'il l'a décidé tout à l'heure, **c'est toi qui t'es promis de les faire,** et personne d'autre que toi ne viendra te reprocher de ne pas tenir ta promesse... Au fait, tu sais tenir une promesse ?

« JE SUIS DISTRAIT PAR TOUT CE QUI SE PASSE AUTOUR DE MOI. »

Si tu n'es pas sourd et aveugle, **c'est normal que tu remarques ce qui se passe autour de toi.** Si c'est un bazar incessant, tu peux peut-être trouver un endroit plus calme ou simplement demander aux autres de respecter ton attention. Moins tu as de distractions autour de toi, moins tu es distrait ; c'est normal, non ? Tu peux aussi faire un peu de rangement pour enlever de ta vue tout ce qui attire sans arrêt ton abeille.

« JE CONTINUE D'ÊTRE DISTRAIT PAR TOUT CE QUI SE PASSE AUTOUR DE MOI. »

Cette fois, surveille ton abeille. Que fait-elle ? Où va-t-elle ? **Qui lui a dit d'aller là ?** Ramène-la tranquillement avec toi, là où elle doit être. Et si ce sont des bruits qui te dérangent, tu peux aussi mettre des bouchons dans tes oreilles (ou un casque an-tibruit... ou même une musique qui ne te distrait pas).

« JE SUIS TOUJOURS DISTRAIT PAR CE QUI SE PASSE AUTOUR DE MOI. »

Bien... donc, tu n'arrives vraiment pas à rester sur la poutre, tu tombes tout le temps. Il est temps d'apprendre à rester en équilibre. Souviens-toi des lettres du mot RAPPEL : elles te rappellent ce que tu dois surveiller pour remarquer que tu commences à tom-ber. Ton **Regard** et ton **Attention** d'abord, qui sont les premiers à se laisser attirer vers ce qui te distrait (la petite abeille fofolle), puis ta **Posture** qui part sur le côté : tu es en train de tomber ! Détends tout ça et remets-toi droit : **tu n'es pas une marionnette qui bouge dès qu'on tire sur les fils.** Quand tu auras retrouvé ton équilibre, remonte sur la poutre. Et n'oublie pas qu'on ne devient pas funambule du jour au lendemain, il faut s'entraîner, s'entraîner, s'entraîner, et ne pas avoir peur de tomber.

« J'AI ÉTÉ DISTRAIT ET JE N'ARRIVE PAS À ME RECONCENTRER. »

Qu'est-ce que tu cherches à faire ? À quoi dois-tu faire attention ? Tu dois faire attention à bien faire quoi ? Tu dois agir dans ta tête ou avec ton corps ? **Utilise ton Pouce, ton Index et ton Majeur pour retrouver le PIM dont tu as besoin,** et une fois que tu l'as, essaie de t'en souvenir pour la prochaine fois.

« J'AI PLEIN DE PENSÉES DANS LA TÊTE ET JE NE PEUX PAS ME CONCENTRER. »

Tu peux peut-être commencer par te poser et observer la manière dont tes pensées vont et viennent. **Trace un cercle devant toi, comme si tu dessinais une horloge avec le doigt.** Pendant que ton doigt bouge, essaie de remarquer à quel endroit du cercle chaque pensée arrive : où est ton doigt à ce moment-là ? Tu te parles avec ta petite voix ? Pendant longtemps ? C'est le même exercice que celui où tu devais regarder tes dix doigts posés sur la table. Ensuite, si tu dois lire par exemple, tu peux remarquer où en est ton abeille quand les pensées arrivent ou quand elles s'en vont. Est-ce que ces pensées te font bouger, comme l'**Éléphant** qui s'**Étire** pour avoir sa cacahuète ? Sou-viens-toi des dernières lettres de RAPPEL, cela t'aidera à libérer un peu ton attention de ces pensées qui la retiennent prisonnière.

« JE BOUGE DANS TOUS LES SENS ET ÇA M'EMPÊCHE DE ME CONCENTRER. »

... et d'ailleurs, ça empêche peut-être aussi tes voisins de se concentrer. Tu ne serais pas en **Mode Marionnette** ? **Ra-len-tis et souviens-toi de ces neurones dans ta tête**

qui réagissent à tout ce qui se passe autour de toi pour te faire bouger. Tu n'es pas une marionnette et rien ne peut t'obliger à bouger si tu ne l'as pas dé-ci-dé.

« J'AI TOUT LE TEMPS ENVIE DE ME LEVER POUR FAIRE AUTRE CHOSE. »

Tu as sans doute plein de PAM dans la tête. N'oublie pas que **tu n'es pas obligé de leur obéir, ce ne sont que des publicités dans ton cerveau.** « PAM-pause, PAM-pause » : « Je reconnais que c'est un PAM, et je fais une petite pause avant de décider... J'y vais ou pas ? » Une petite pensée pour tes neurones-aimants qui s'excitent ; ne leur laisse pas les commandes de ton cerveau : c'est TOI qui décides ! Et d'ailleurs... Tu as peut-être simplement besoin de bouger, de te défouler ? Si c'est possible, n'hésite pas à te lever et à marcher (ou à sauter sur place, ou à faire des pompes...).

« J'AI L'IMPRESSION D'ÊTRE COMPLÈTEMENT DISPERSÉ. JE PASSE SANS ARRÊT D'UNE CHOSE À UNE AUTRE. »

Est-ce que tu n'essaies pas par hasard de mélanger de l'eau et de l'huile ? Arrête d'essayer de tout faire à la fois. **Entraîne-toi à réfléchir comme un golfeur :** de combien de coups as-tu besoin pour mettre la balle dans le trou ? De combien de minimissions as-tu besoin pour réussir ce que tu cherches à faire ?

« JE SAIS BIEN ME CONCENTRER... MAIS J'OUBLIE DE LE FAIRE. »

Prends l'habitude de bien vérifier le niveau de concentration dont tu as besoin à chaque fois. **Quelle taille a la poutre ?** Est-elle haute ? Étroite ? De quelle couleur est le A ?

« JE ME FICHE TOTALEMENT D'APPRENDRE À MIEUX ME CONCENTRER : QUAND CE QUE JE FAIS M'INTÉRESSE, JE SUIS CONCENTRÉ. »

Malheureusement, on ne peut pas toujours faire ce qu'on aime, sauf si on est très riche... et encore. C'est pour ça qu'il faut apprendre à être concentré malgré tout, et tu remarqueras peut-être qu'en étant bien attentif, ce que tu fais peut devenir intéressant. **C'est comme un miroir : plus tu donnes d'énergie, plus tu en reçois** – c'est beau, non ? Et il ne faut pas confondre un problème d'attention et un problème de motivation. Quand quelqu'un n'a vraiment pas envie de faire quelque chose, ce n'est pas de son attention qu'il faut s'occuper en priorité.

Voilà... Difficile de répondre à toutes les questions possibles, mais en fouillant dans la BD, tu devrais trouver les solutions dont tu as besoin. Et n'oublie pas qu'il n'y a pas de truc pour maîtriser ton attention du jour au lendemain, ça prend du temps... Comme pour apprendre un sport ou un instrument de musique : il s'agit quand même de changer ton cerveau ! Heureusement, tu peux améliorer ton attention tous les jours, et au fil du temps, tout ce que tu fais te semblera de plus en plus facile et agréable.

EN GUISE DE CONCLUSION :
nos amies les machines

Tu connais le dilemme du chercheur d'or ? Un chercheur d'or se pose au bord d'une rivière et commence à tamiser le sable. Au bout de quelques heures, alors qu'il a trouvé quelques petites pépites, il est soudain pris d'un doute... Est-ce qu'il n'y a pas plus d'or un peu plus loin en remontant la rivière ? C'est le dilemme du chercheur d'or : faut-il partir explorer ou bien rester au même endroit pour exploiter ce qu'on a devant soi ? Difficile de choisir ! Le cerveau rencontre le même dilemme quand il a plusieurs choses intéressantes ou importantes devant lui. Se concentrer sur l'une d'entre elles, c'est passer à côté de toutes les autres. Se concentrer, c'est accepter de ne pas tout voir ou tout faire !

Il est facile de comprendre pourquoi notre époque est celle du zapping : avec tous nos écrans, il y a énormément de choses à voir et à faire en même temps. On veut tout faire et ne rien manquer, comme si le chercheur d'or courait dans tous les sens pour essayer d'être partout à la fois. Ça tombe bien pour les neurones-aimants parce qu'ils a-do-rent tout ce qui est nouveau : il s'agit peut-être de choses amusantes ! Ce sont eux qui t'encouragent à zapper, parce qu'en plus, ils se lassent très vite : dès que ça ne les intéresse plus, ils te demandent de passer à autre chose (et souvent... tu leur obéis).

Les téléphones portables leur plaisent énormément, parce que justement, il se passe toujours quelque chose de nouveau ! Et il y a tous ces petits jeux avec des images qui bougent, des petites récompenses, des personnages rigolos, des défis ! Ceux qui programment ces applications connaissent bien nos neurones-aimants, et réfléchissent pendant des mois à la meilleure façon de leur plaire : qui achèterait un jeu qui ne leur plaît pas ? Et tous ces nouveaux messages, toutes ces infos ! Un régal pour les neurones-aimants ! C'est distrayant, n'est-ce pas ? Et puis... c'est peut-être dangereux de ne pas se tenir au courant, non ?

On est donc bien tenté de faire plusieurs choses à la fois, regarder la télé et écrire des messages par exemple, pour ne rien rater d'important... mais est-ce que c'est possible ? Oui et non. En fait, tu ne peux faire attention qu'à une chose à la fois, donc ça va si tu regardes vaguement la télé ou si tu réponds machinalement, avec quelques mots (« oui, ça va »). Mais essaie de compter à voix haute le nombre de mots dans la phrase précédente, puis de la répéter... Ça coince ! Tu dois utiliser les mêmes neurones pour faire deux choses différentes et c'est impossible, à moins de basculer rapidement : lire, compter, lire, compter... mais c'est épuisant ! On ne peut pas faire en même temps deux choses qui demandent de l'attention, de la même façon qu'on ne peut pas regarder à deux endroits à la fois ou se connecter à deux sites internet en même temps (enfin si on peut, mais pas sur la même page). Bref, il faut choi-sir ! Rester concentré, c'est accepter de ne pas être partout à la fois. Notre pauvre petit cerveau n'a que cent milliards de neurones, il ne peut pas tout faire ! Alors spontanément, il zappe, pour essayer quand même.

Le problème, c'est qu'à force de passer son temps à se connecter et à se déconnecter, on peut perdre la capacité de réveiller ses neurones-chefs longtemps et ils s'affaiblissent : on n'arrive plus à rester connecté pendant longtemps à la même chose ou la même personne. Donc les écrans ne posent pas de souci... tant que tes neurones-aimants te laissent encore la liberté d'éteindre ta machine et de te concentrer sur autre chose. C'est toi qui dois choisir entre le monde virtuel et le monde réel, pas ta machine.

Alors souviens-toi que tu ne peux pas être connecté à tout en même temps, car l'attention est sé-lec-tive ! Et pose-toi de temps en temps cette question : « De quoi dois-je me déconnecter autour de moi pour me connecter au réseau ? »

Dépôt légal : novembre 2016
N° édition : 7381-3376-5
N° d'impression : 79533
Imprimé en Belgique
Sur les presses de Snel en février 2018